PHILIPPE BARRAQUÉ



# Relaxation et détente des enfants

## Un chemin pour grandir

jouvence ÉDITIONS

**Collection "Pratiques" Jouvence**

*L'allaitement maternel,* Cl.-S. Didierjean-Jouveau, 2003
*La réconciliation,* Bernard Raquin, 2003
*Donner du sens à sa vie,* Rosette Poletti & Barbara Dobbs, 2002
*La thérapie vocale,* Philippe Barraqué, 2001
*Maîtriser son stress,* Sébastien Tubeau, 2001
*Se relaxer pour mieux vivre,* Jean-Dominique Larmet, 2001
*Plus jamais victime,* Pierre Pradervand, 2001
*Le bonheur, ça s'apprend,* Pierre Pradervand, 2001
*Se régénérer le corps et l'esprit,* Jean-Paul Pes, 2000
*La vie simple,* Pierre Pradervand, 1999
*Pratique de la communication non-violente,* Wayland Myers, 1998
*Lâcher prise,* Rosette Poletti & Barbara Dobbs, 1998
*L'estime de soi,* Rosette Poletti & Barbara Dobbs, 1998
*Bien dormir, enfin !,* Marie-France Muller, 1998
*Satisfaire son besoin de reconnaissance,*
Olivier Nunge & Simonne Mortera, 1998
*Massage détente,* Catherine Maillard, 1998
*Gérer ses émotions,* Olivier Nunge & Simonne Mortera, 1998
*Vivre au positif,* Marie-France Muller, 1997
*Oser parler en public,* Marie-France Muller, 1997
*La pause de 90 secondes,* Rolf Herkert, 1996

**Catalogue gratuit sur simple demande**

Éditions Jouvence
France : BP 7 – 74161 St Julien-en-Genevois Cedex
Suisse : Case postale 184 – 1233 Genève/Bernex
Site internet : **www.editions-jouvence.com**
E-mail : info@editions-jouvence.com

*Mise en pages en AGaramond 11,5 :* Nelly Irniger
*Illustration de couverture :* J.-C. Marol

ISBN 2-88353-226-5

## *Sommaire*

# *Préface*

La relaxation pour enfants est une thérapie globale adaptée à chaque tranche d'âge, facile à pratiquer au quotidien, efficace, et indiquée dans les problèmes de stress, de mal-être, de difficultés à trouver ses repères, à s'enraciner, à s'assumer, à maîtriser ses émotions, à gérer sa violence, tous ces bleus à l'âme qui provoquent notamment des troubles psychosomatiques (maux de ventre, migraine, insomnie), des retards scolaires et des problèmes de communication.

Mais la relaxation est avant tout un art de vivre, une façon de méditer chaque instant en prenant du temps pour soi, en s'amusant, en réveillant ses talents, en chantant, en respirant, en s'immergeant dans la nature profonde de l'être.

Grâce à la pluralité des techniques harmonisantes utilisées dans cet ouvrage (art-thérapie, musicothérapie, chant thérapeutique, visualisation créatrice, techniques d'autoguérison, gymnastique taoïste, massage doux, aromathérapie) et les ressources que nous apportent les différents courants de la psychologie moderne, chaque séance de relaxation ouvre de vastes champs du possible tant dans la prise de conscience de la santé physique par l'enfant que dans ses différents modes de fonctionnement psychique.

Avant de pratiquer, chaque technique est expliquée clairement avec les informations et les conseils essentiels. Un bilan relaxologique personnalisé vous permettra d'évaluer les besoins spécifiques de l'enfant, de mesurer les effets de la relaxation après chaque séance afin de vous diriger vers les exercices les mieux adaptés en fonction de son évolution et des progrès réalisés. Vous trouverez dans la partie pratique des séances destinées aux bébés, aux 2 à 6 ans, aux 7 à 14 ans. Rien n'empêche de les proposer aux adolescents, bien au contraire puisqu'en tant qu'adulte, vous les utiliserez aussi avec un plaisir sans cesse renouvelé. La relaxation accompagne l'enfant étape après étape afin qu'il puisse pleinement entrer dans le monde des adultes et poursuivre son chemin personnel en intégrant un certain nombre de principes naturels d'hygiène de vie acquis notamment durant ces séances.

L'enfant se relaxe en s'amusant, soulage une douleur, s'harmonise et s'épanouit. Il suffit simplement d'un petit coup de pouce, d'une première séance qui "fait du bien" pour qu'il en redemande spontanément.

Pratiquée dans toutes les écoles dès le plus jeune âge, la relaxation contribuerait certainement à voir baisser de manière significative les incidents liés à la violence et aux incivilités. Pourquoi ? Parce que la relation entre l'adulte et l'enfant s'en trouve radicalement transformée puisque de ce partage d'expériences vécues ensemble naît une nouvelle dimension relationnelle faite d'attention à l'autre, de communication sensitive, d'intuition mutuelle et de bonheurs partagés. La relaxation rétablit le dialogue et invite à le poursuivre après la séance, dénoue les conflits, délie les nœuds énergétiques, inverse les tendances négatives, installe l'enfant comme l'adulte à sa juste place dans notre société.

# *Introduction*

La relaxation pour enfants est plus qu'une méthode de bien-être, un moyen de calmer les anxiétés et les petites douleurs, c'est une écoute totale de l'être en devenir, de sa vibration primordiale, un voyage dans les rythmes internes, un dialogue avec le corps et le mental, avec des mondes que l'enfant a intégrés naturellement, spontanément mais qui, dans les tribulations d'une société toujours plus agressive et en quête de sens, ont connu bien des revers. La pollution électromagnétique et industrielle, la nourriture carencée, la violence urbaine, la perte des repères familiaux, éthiques (entre autres) perturbent la santé physique tout autant que l'équilibre intérieur de l'enfant. La relaxation apporte de la douceur et de l'harmonie dans un monde de brutes ! Se détendre, c'est retrouver la posture naturelle que nous avions avant de crisper nos muscles et de froncer nos sourcils pour nous préparer au combat. La relaxation ouvre très jeune la voie du guerrier pacifique, l'art d'écouter, de vivre ensemble avec pour seule force dissuasive l'amour de l'homme.

En atelier de relaxation, les enfants ont des demandes précises et concrètes : « *J'aimerais me détendre car j'ai souvent mal au ventre ou à la tête. Je n'arrive plus à apprendre mes leçons. J'angoisse à l'idée d'affronter mes camarades de classe. Je me trouve moche. J'ai des choses à dire. Je cherche du calme. Je manque d'équilibre en moi et ça me rend triste...* »

Car les enfants ont une indéfectible ferveur de grandir, de se réaliser. La relaxation est jeu, guérison, évasion, méditation. L'enfance les relie et ce lien est une force extraordinaire, quelles que soient les épreuves rencontrées. L'enfant porte le fardeau tout autant que l'espérance d'une société. La nature a fait qu'il a toujours privilégié la pensée positive sans ne l'avoir jamais apprise. Il croit. Il fait confiance. Il est relié.

Dans ce déferlement de nouvelles technologies, dans cette sollicitation incessante du "toujours plus", du consommable rapidement, de l'efficacité et de la compétitivité qui commencent aux frontières de l'école, l'enfant n'a jamais eu autant d'outils communiquants, autant de connaissances mises à sa disposition, autant de jeux, d'images et de sons à explorer, et pourtant il ressent presque primitivement cette nécessité d'être bien dans son corps et dans son cœur, de construire de façon autonome son chemin intérieur. La relaxation le rétablit dans son écoute globale, dans son chant liquidien, dans sa capacité à endiguer la douleur, l'angoisse, l'échec. Cet ouvrage se propose de vous donner les clés essentielles pour que l'enfant intérieur renaisse en vous et grandisse en lui.

# 1

# *Parents-enfants : l'art de se relaxer ensemble*

## • Développer les potentialités de l'enfant •

La relaxation propose un choix d'ambiances, de "saveurs", une stimulation des sens pour que l'enfant expérimente sa respiration, ses postures, ses émissions sonores. Elle rend accessible les rythmes internes, les musiques du corps, les cheminements du souffle et de l'énergie, les méandres de la pensée créatrice. Elle procure des sensations nouvelles pour que l'enfant puisse ouvrir son cœur et développer son relationnel. Elle lui offre une palette de couleurs afin qu'il choisisse les nuances qui correspondent à sa sensibilité. Chaque relaxation est construite comme un scénario, une trame sur laquelle l'enfant s'appuie mais libre à lui (et à vous) de réécrire les dialogues, de revisiter les mouvements.

## • Aider l'enfant à se révéler •

En se relaxant, l'enfant explore des champs de création où il apprend à mieux se connaître. Il est naturellement en harmonie avec l'essentiel et ne pense pas à s'introspecter. Il vit en quelque sorte sur une autre planète tout en étant pleinement acteur de la nôtre. Il a une approche globale de chaque expérience et il adhère sans restriction conceptuelle ou rationnelle à ce qu'il éprouve. Il ne regarde pas encore dans le miroir de sa conscience parce qu'elle a la limpidité, la pureté de l'innocence. Certes, elle a pu subir des tourments, des peurs, des colères mais elle est tournée vers l'absolu. Il a franchi le seuil initiatique de la naissance et il est de ce fait empli de surnaturel, nourri de l'évidence du beau, uni avec la conscience universelle puisqu'il en est l'émanation, le cadeau des dieux. En l'accompagnant dans sa recherche, il pourra vous voir comme un autre lui-même et se révéler. Pour cela, il faut tester l'enfant dans sa capacité à être présent et pleinement conscient de ses actes.

## • Le rendre autonome •

Au fil des séances, l'enfant acquiert des outils d'autonomie (énergie, son, respiration…) qu'il peut réutiliser quand il en ressent le besoin. Chaque expérience vécue en relaxation (sentiment, émotion, connaissance) est intégrée dans son quotidien, dans sa façon de vivre l'ici et le maintenant. Il peut ainsi chanter, écouter de la musique quand il se sent fatigué ou stressé sans qu'il soit nécessaire d'intervenir. Il a intégré l'outil relaxation comme un moyen ludique adapté à ses besoins et facile d'accès.

## • Optimiser la relation parents-enfants •

Tout ce vécu partagé avec vous lors de ces moments privilégiés d'harmonisation soude le lien affectif et crée des repères qui jalonnent sa progression vers une meilleure connaissance de soi. Il adhère pleinement à ce que vous lui dites puisqu'il l'a expérimenté. Il a pour cela besoin d'une relation de confiance et d'amour pour qu'à son tour, il puisse vous rappeler certaines valeurs que le monde des adultes a tendance quelquefois à oublier. L'enfant est un instructeur qui vous ramène toujours vers la justesse et la justice ; il n'a pas de préjugés ni de jugements préétablis.

## • Réveiller l'enfant intérieur •

Pour bien accompagner l'enfant en relaxation, il est nécessaire de faire un travail préliminaire sur vous, pas simplement comme des parents désireux de bien faire mais comme deux êtres unis qui saisissent ce cheminement parental comme un formidable outil de transformation et de révélation.

*Mettez-vous en position assise sur un coussin de méditation et fermez les yeux. Sentez l'enracinement de votre dos dans le sol. Le ventre de la terre vous a enfanté et vous découvrez la vie pour la première fois. C'est un grand éclat de lumière et des bruits agressifs qui vous happent à ce moment-là vers l'extérieur. Il y avait bien cet Avant dans la nuit liquidienne où vous parvenaient des sons étouffés, des résonances, des flux de vibrations mais vous ne gardez de cette période qu'une sensation subjective d'un refuge qui a été subitement investi par un flot d'inconnu qui vous a fait pousser votre premier cri. Laissez cheminer en vous toutes ces images et au moment où elles vous submergent d'émotions, sortez un cri libérateur suivi de sons apaisants que vous émettrez en continuité : É-I… É-I… É-I…*

*Vous tenez entre vos mains jointes contre le plexus solaire le livre de votre enfance. Inspirez et sentez l'énergie qui circule dans vos doigts. A mesure que s'ouvre lentement ce livre, que vous en feuilletez les pages très lentement, revoyez votre enfance et en particulier le visage de votre mère qui vous sourit. Dites-lui tout ce que vous n'avez jamais osé lui dire et restez un long moment en dialogue avec elle. Voyez aussi votre père et tous les membres de votre famille qui ont compté pour vous, et ceux aussi qui étaient absents, qui se sont éloignés à cause de circonstances familiales particulières. Parlez avec chacun d'entre eux et si la relation ne s'établit pas, restez simplement en harmonisation avec celle ou celui qui préfère garder le silence. Au moment où vous sentez que tout a été dit, inspirez profondément, et sur la rétention respiratoire, rassemblez tous les éléments que vous avez vécus comme conflictuels. Exhalez en vidant complètement vos poumons et faites ainsi place nette en ne gardant que les bons moments de votre enfance. Recommencez deux fois ce cycle complet et sur l'expir, pardonnez et entourez de lumière toute votre famille.*

*Demeurez silencieux un long moment jusqu'à ce qu'un enfant vous tire de votre méditation et vous tende la main. Suivez-le dans ces jeux, dans ses escapades à travers champs, dans ses rêveries et sa créativité débridée. Dites-lui : « Je te remercie de m'avoir guidé, de m'avoir retrouvé. Tu n'as jamais cessé d'habiter chacun de mes gestes, de mes actes et de mes attitudes, mais aujourd'hui je comprends mieux, je sais tous les seuils que tu as franchis pour parvenir à l'âge adulte. J'ai retrouvé grâce à toi la spontanéité, la fraîcheur. J'étais encore hier un enfant adulte, aujourd'hui je suis un être réunifié. L'enfance n'est plus un souvenir que l'on ressasse avec émotion, avec nostalgie ou avec douleur, mais un outil, une clé pour grandir. Je sais que maintenant je ne réfrénerai plus mes enthousiasmes, mes étonnements candides, mes naïvetés et surtout mes pleurs. Tu m'apprends qu'on devient adulte en gardant intacte l'étincelle de vie qui m'habita dès l'odyssée intra-utérine. Je t'ai rejoint et à mon tour je suis maintenant en mesure de transmettre, en mesure de parler à mes enfants puisque j'ai reconnu mon enfant intérieur, celui qui accompagne mes renaissances. Pour tout cela, je chante avec toi, mon cœur est fort et ma vie remplie d'une mission naturelle, celle de préparer le même chemin pour mes enfants en leur épargnant certains obstacles car riche de l'expérience que je viens de vivre. »*

*Entonnez un son spontanément ou une chanson qui vous revient de votre enfance et constatez que vos deux paumes sont largement ouvertes sur l'avenir, que l'on peut lire en vous sans difficulté, que votre itinéraire est tracé, assumé et transformé. Vous pouvez alors refermer le livre en le tenant contre votre plexus solaire et le dédier à vos parents, aux parents que vous êtes aujourd'hui et à vos enfants qui le seront demain.*

# 2

# *La relaxation, le remède contre la violence*

## • Faire face aux situations extrêmes •

Dans nos grandes cités, les enfants sont très sensibles à l'agressivité et à la violence. D'abord parce que l'architecture urbaine et la concentration des individus dans un espace réduit engendrent un climat de peur et d'indifférence qui a pour conséquence une série de réactions impulsives qui touchent toutes les couches de la société. Etre violent, c'est une manière d'exister en défiant les codes de vie établis. L'un des garants de ces codes de bonne conduite, c'est évidemment l'école et les enseignants qui se retrouvent en première ligne d'un combat où les parents, les politiques et les acteurs sociaux adoptent souvent un profil bas. La cellule familiale est de plus en plus souvent éclatée ; les politiques ne sont plus crédibles ; les acteurs sociaux gèrent l'urgence. Quel que soit son milieu social, l'enfant est ou sera confronté à une situation d'extrême violence dans son école ou à son abord immédiat. Il faut donc l'y préparer grâce à des techniques comme la relaxation.

## • Prendre conscience de la violence •

Si la violence a toujours fait partie de la vie, si l'enfant a besoin de s'y confronter pour établir des repères, des limites à ne pas dépasser, elle entre aujourd'hui dans une virtualité où l'acte violent n'est plus identifié par l'agresseur comme une atteinte physique et morale à la personne humaine ; un simple échange verbal peut ainsi provoquer une riposte démesurée allant jusqu'au coup mortel. On prend ainsi conscience un peu plus chaque jour que l'éducation scolaire et parentale n'a pas mis l'accent suffisamment sur la connaissance de soi, la relation à l'autre, la puissance vibratoire des mots et des gestes.

## • Stimuler la tempérance de l'être •

La relaxation pratiquée dès le plus jeune âge met l'enfant en phase avec lui-même, avec ses rythmes internes, avec son environnement. Il voyage dans un monde de sensations, de vibrations qui affinent sa perception et le rendent plus perméable à toutes les sources de connaissance. En se relaxant, il construit son monde intérieur et, contrairement à la virtualité, toute la somme de ses expériences enrichit son relationnel : il est réceptif, conciliant, tolérant. Il a appris à se connaître, à apprivoiser son corps, à s'en servir pour se faire du bien, il n'a donc plus besoin d'affirmer sa personnalité en entrant dans la peau du méchant, de l'agressif, du chef de bande. Il a une attitude naturelle ; il dégage une bonne vibration et de ce fait, les tentatives agressives de certains de ses camarades ne trouvent aucune prise, aucun ferment tentateur qui pourraient le déstabiliser. La relaxation stimule la tempérance de l'être, ce qu'il a de plus juste, de plus noble en lui. Elle lui ouvre la globalité de l'univers, l'immensité d'une Création où il trouve sa place exacte. Sa démesure ne s'affirme plus dans l'agressivité mais dans un idéal de transcendance et d'élévation.

# 3

# *Bien préparer la séance*

## • Expliquer les mots •

Les textes des relaxations proposés dans cet ouvrage ont été classés par tranche d'âge. Même si leur vocabulaire est adapté, il faut prendre soin de vérifier leur bonne compréhension.

Si un mot n'est pas connu, ou mal compris, donnez des explications claires et si possible amusantes avant de commencer la séance. N'hésitez pas à les répéter s'il le faut.

Soyez totalement à l'écoute de l'enfant, de ses réactions, de ses attentes. Impliquez-vous totalement.

## • Soigner votre timbre de voix •

Pour induire un état de relaxation, la voix doit être à la fois douce et neutre, compréhensible mais pas trop appuyée.

Pour que l'enfant se détende, il a besoin d'être accompagné, bercé par le son de votre voix. Elle est un guide qui propose sans jamais imposer. Veillez à ne pas la charger d'émotions trop intenses mais par ses respirations, ses silences, ses inflexions, préparez chaque transition du récit.

## • Choisir le lieu et le bon moment •

L'enfant choisit son lieu de relaxation : une pièce au calme ou un coin de sa chambre réservé à cette activité. Prévoyez un tapis, des coussins et un éclairage tamisé. L'horaire de la séance sera choisi en fonction de la disponibilité et de la réceptivité de chacun. Évitez toutefois les séances après les repas et les ambiances stressantes. Au début, initiez-le par des séances courte comprenant une relaxation passive ou l'émission de sons vocaux. Concluez chaque période de relaxation par une comptine ou un conte. Il est nécessaire d'espacer la séance de toute autre activité de loisirs ; la préparation et le prolongement de chaque relaxation sont très importants car c'est dans ces moments privilégiés que les effets harmonisants se produisent. Une réflexion doit être menée sur l'emploi du temps de votre enfant tant dans son travail scolaire que dans ses pratiques sportives et artistiques. *« Il faut laisser le temps au temps »*, dit la sagesse populaire car une multitude d'activités dispersent les énergies et entraînent un manque d'enracinement et d'équilibre intérieur.

## • Créer une ambiance harmonieuse •

Utilisez un diffuseur d'huiles essentielles. Choisissez des parfums qui n'irritent pas la gorge et procurent une sensation de bien-être et de sérénité : lavande, pin, orange, vanille…

Le même conseil s'applique pour les encens, de préférence japonais car leurs senteurs sont subtiles et raffinées. Accordez toujours ces parfums d'ambiance avec le thème de la séance de relaxation : du cèdre avec les bruits de la forêt, du santal avec une atmosphère mystérieuse, du citron pour un jeu plus tonique…

## • Harmoniser par les élixirs floraux et les cristaux •

Vous pouvez recourir à des techniques complémentaires pour bien préparer le terrain émotionnel comme :

- *Les élixirs floraux :* les fleurs de Bach conviennent parfaitement aux enfants et notamment Oak (hyperactivité), Impatiens (nervosité), Cherry plum (colère) à raison de deux gouttes diluées dans un verre d'eau à boire au cours de la journée. Dans tous les cas et bien qu'elles soient très bien tolérées, demandez conseil à votre thérapeute et consultez les nombreux ouvrages existants.
- *Les cristaux :* des petits quartz blancs posés sur le ventre, le plexus solaire et la poitrine renforcent l'action harmonisante et calmante de la séance. Une pierre d'améthyste placée dans la chambre de l'enfant a un effet très apaisant et inspirant sur son mental (même si vous êtes sceptique, essayez ! Les cristaux sont en plus très agréables à regarder et à toucher).

## • Choisir des sons ludiques •

Sélectionnez de préférence des sons naturels (chants d'oiseaux, bruits d'océan etc...). Les musiques ethniques conviennent bien pour l'expression corporelle et la créativité. Par exemple, les polyphonies des pygmées accompagneront un parcours imaginaire dans une forêt, le son du didgeridoo des aborigènes d'Australie invitera à danser, à laisser le corps s'exprimer, les chœurs des moines tibétains enracineront à la terre...

Pour induire un état de lâcher-prise, une détente, choisissez des musiques aux synthétiseurs sans oublier les percussions douces (clochettes, carillon, grelots, bâton de pluie…) Enfin, dans toutes les phases actives de la relaxation, la pratique du chant intuitif est certainement l'outil le plus complet pour affirmer la personnalité de l'enfant.

## • Prêt pour la première séance •

L'enfant adopte la position la plus sécurisante, la plus protectrice comme se mettre en boule ou croiser les jambes. Sauf si la séance a lieu allongé dans son lit, la position couchée avec les jambes écartées nécessite qu'une relation de confiance soit établie. De même, fermer les yeux demande un petit apprentissage ; le temps qu'il puisse s'aguerrir de la peur du noir, il garde les yeux mi-clos ou s'amuse avec la lumière qui se reflète sous ses paupières : *« C'est tout noir parce que les fenêtres de mes yeux sont fermées mais je peux les ouvrir si je veux pour laisser entrer le soleil. »*

# 4

# *Les techniques harmonisantes*

La séance de relaxation sera d'autant plus efficace qu'elle associera plusieurs techniques harmonisantes afin de favoriser une détente globale, une immersion progressive dans les états modifiés de conscience, un cheminement ludique et graduel qui offrira à l'enfant de nouvelles perspectives de créativité, d'épanouissement et de dépassement de soi.

## • La musique de relaxation •

### *Découvrir ses bienfaits*

L'audition d'une musique entraîne un processus d'idéation, d'images mentales. En relaxation, on choisit des supports sonores qui favorisent le voyage intérieur. Le rythme cérébral se ralentit (ondes Alpha), le système glandulaire produit notamment des endorphines, les muscles se relâchent, et dans cet état de lâcher prise, l'énergie circule mieux, le corps se détend, le mental s'apaise. Cette induction corporelle de la musique relaxante est d'autant plus opérante chez le jeune enfant qu'il est encore imprégné par les rythmes péristaltiques de la vie intra-utérine, les vibrations de la voix maternelle. Il retrouve dans les sons fluidiques, fusionnels, intemporels de la musique de relaxation, cette même propagation naturelle des vibrations sonores dont il a été nourri durant son odyssée prénatale.

*Savoir la choisir*

Le choix des musiques est surtout guidé par l'intuition maternelle (mais papa a aussi des idées sur la question), par le lien charnel qui vous relie à l'enfant, par le concert que vous partagez en commun car le pouvoir affectif d'une œuvre musicale est puissant et vous seule êtes à même de déterminer si telle musique convient ou pas. Toutefois, vous trouverez à la fin de cet ouvrage une sélection de musiques qui devrait faciliter votre choix. Il serait d'ailleurs plus judicieux de ne pas se limiter aux œuvres "planantes" (synthétiseurs) mais de s'ouvrir au vaste répertoire classique et contemporain, traditionnel et ethnique.

La musicothérapie exploite toutes les ressources vibratoires de l'être pour générer ses meilleurs accords et effacer ses notes discordantes. Il faut donc, comme sur un instrument de musique, détendre les cordes qui risquent de casser (conflit, situation d'échec scolaire, manque de confiance en soi…) pour retrouver la joie de vivre grâce à l'harmonie des sons.

*Musicothérapie passive*

La musicothérapie passive peut se suffire à elle-même sans qu'il y ait besoin de raconter une histoire ou de proposer un jeu. Il s'agit d'une audition musicale. Votre enfant bénéficie des effets puissants de la musique qui agissent sur son dynamisme psychique, lui procurent des émotions substitutives à son stress et à son anxiété, et rétablissent ses rythmes biologiques. Pour cela, il s'installe dans la position la plus confortable, assise ou allongée, et se laisse porter par les sons. On choisit en général trois œuvres qui conduiront progressivement à l'état de relaxation :

- la première correspondra à sa tonalité émotionnelle actuelle,
- la seconde effacera les conflits et les blocages qui se sont révélés durant l'audition de l'œuvre introductive,
- la troisième apportera la détente et le calme.

*Musicothérapie active*

On ajoute le chant, les percussions, les mouvements qui permettent d'agrandir le champ d'action de la musique, de s'identifier au son, de libérer par l'expression vocale, instrumentale et corporelle toutes les émotions qui serviront de matériau créatif et contribueront à une meilleure connaissance de soi. La méthode Karl Orff, par l'usage d'instruments simples comme les flûtes à bec ou les métallophones, a ainsi fait ses preuves dans les classes d'initiation musicale et dans les établissements spécialisés qui traitent de pathologies lourdes comme l'autisme, les handicaps physiques et les problèmes de socialisation.

## • Les perceptions sensorielles •

Le développement des perceptions sensorielles entre dans la pratique de la relaxation car, par la découverte des potentialités de ses cinq sens, l'enfant expérimente sous de multiples formes toutes les richesses du monde qui l'entoure. S'instaure une autre manière de dialoguer avec les éléments, d'explorer des territoires encore vierges de sa conscience grâce à la musique d'un parfum, le soyeux d'une feuille de lierre, le son fluidique d'une goutte d'eau, le goût subtil du miel et de la lavande, l'alliance des couleurs et de la lumière.

*Voyager dans son souffle*

Se concentrer sur sa respiration est une invitation à voyager à l'intérieur de son corps, à laisser ses soucis à l'extérieur, à faire circuler l'énergie dans un espace bien à soi. Dites-lui par exemple : « *Tu entres dans la maison de ton souffle et tout est léger à l'intérieur. Il n'y a plus de tensions, de douleurs, car elles s'effacent comme des nuages gris emportés par le vent. Plus tu respires, plus ta maison est lumineuse. Ton souffle est comme le flux et le reflux d'une vague qui caresse ton corps. Tout s'apaise.* » L'aspect maternant et doux de ce mouvement permet à l'enfant de se relaxer et de s'endormir plus facilement. Apprivoiser son souffle, c'est aussi ressentir la circulation interne de la force vitale dans chaque partie du corps : « *Tu sens que l'air chatouille ta narine gauche, ta narine droite ; il circule maintenant dans ta gorge, dans ton cœur…* » Après quelques séances, l'enfant est capable de diriger son souffle sur une zone corporelle particulière et de la traiter.

*Respirer le plus bas possible*

Pour la pratique du chant, faites prendre conscience à l'enfant de sa respiration abdominale lorsqu'il est allongé : « *Ton ventre gonfle comme un ballon, puis se dégonfle ; il recommence sans que tu aies besoin de lui dire quoique ce soit.* »

En position debout, il place la paume droite sur le ventre et la gauche sur la hanche et constate que ce mouvement naturel est très relaxant. Il découvre aussi qu'en maintenant la pression musculaire au niveau abdominal sur l'expiration, sa voix gagne en intensité et en durée : *« C'est comme le soufflet d'un accordéon qui se referme lentement, tant qu'il y a de l'air, il y a du son. »* L'enfant s'amuse également avec vous à inspirer et expirer en trois temps, à rentrer le ventre sur chaque son (Ha ! Hé ! Hi !), à souffler le plus longtemps possible sur la paume de la main ou sur la flamme d'une bougie qui doit vaciller mais ne pas s'éteindre.

## • Le corps-énergie •

### *Les étirements*

En détendant chaque muscle, l'enfant élargit son espace vital, “dépose son corps” sur le tapis de relaxation. Il s'étire comme un chat. Il baille en ouvrant bien la bouche pour accueillir la lumière du soleil, émet des sons sur le souffle et soupire de contentement : *« Haaa... Comme je suis bien. »*

### *Les automassages*

L'enfant frotte ses paumes de main l'une contre l'autre pour activer l'énergie : *« Tu vas réchauffer ton corps avec le feu de tes mains. Tu sens cette douce chaleur au creux de tes paumes ?* » Puis il ferme les yeux et masse le masque facial en commençant par le front, l'arête et les ailes du nez, puis les joues et les mâchoires. Il descend très doucement jusqu'au cou. Il frotte de nouveau les mains et masse la poitrine, le plexus solaire et le ventre. Il contourne les hanches et frotte énergiquement les reins et les lombaires. Il procède de la même façon pour la jambe gauche, puis droite, en insistant sur les articulations du genou, de la cheville et les points réflexes de la voûte plantaire : « *Ton pied est comme une île balayée par le vent. Quand ça te fait mal sous le talon ou près des gros orteils, il faut que tu chasses les mauvais souffles de la tempête en frottant doucement avec tes doigts.* »

***Les centres énergétiques***

Les chakras, ou centres énergétiques, sont globalement à l'emplacement des plexus nerveux et il est facile de les localiser en suivant le trajet de la colonne vertébrale (cf tableau p.32).

Selon la réceptivité de l'enfant, il visualisera les centres comme des tourbillons colorés allant du rouge orangé à la base du dos au blanc lumineux au sommet du crâne et chantera des sons spontanés : « *Tu as toutes les couleurs de l'arc-en-ciel et chaque tourbillon a son chant particulier. Ne l'entends-tu pas, ce son très grave qui monte de la terre et résonne dans tes jambes et en bas du dos ? Fais silence en toi et essaye de l'entendre. Et ce son très aigu qui est au-dessus de toi et qui ressemble à la voix des anges, es-tu capable de chanter comme eux ?* » Vous pouvez également combiner ce travail énergétique avec les sons traditionnels du yoga correspondant aux six premiers centres : Lam-Vam-Ram-Yam-Ham-Om. Puis jouez en toute liberté avec les sons et les couleurs. Inventez des formules magiques (mantras) et entrez dans la danse des énergies : Yam-Stram-Gram-Lam-Vam-Ram !

| **Centres énergétiques** | **Localisation** |
|---|---|
| 1. Coccygien | Racine du dos |
| 2. Sacré | Glandes sexuelles |
| 3. Solaire | Plexus solaire |
| 4. Cardiaque | Cœur, poumons |
| 5. Laryngé | Gorge |
| 6. Frontal | Front |
| 7. Coronal | Sommet du crâne |

***La gymnastique taoïste***

Par des enchaînements de mouvements lents, l'enfant développe son attention au corps et ses facultés sensitives. Il prend soin de lui et est plus attentif aux autres. Il élargit sa compréhension du monde qui l'entoure car il a pris conscience du lien naturel qui le relie à l'univers. La gymnastique taoïste est un art de vivre qui, enseigné aux enfants, favorise la maîtrise de soi et la concentration.

*Résonner*
En relaxation active, l'émission des sons vocaux favorise la prise de conscience des résonances corporelles. L'enfant découvre qu'il peut faire de la musique avec les résonateurs du masque facial (bouche, lèvres, dents, nez) mais aussi avec le corps en totalité en variant les positions. Il place par exemple les paumes des mains sur sa gorge, puis sur sa poitrine, durant l'émission vocale : « *Est-ce que ça vibre pareil ? Quand tu chantes avec une voix grave ? Avec une voix aiguë ? Avec différentes voyelles ? Vois-tu des couleurs quand tu as les yeux fermés ?* »

*Crier*
Pour les enfants nerveux, hyperactifs, l'apprentissage de la voix commence par une libération du trop-plein, une catharsis nécessaire pour éliminer les tensions et aborder le chant plus sereinement : « *Tout ce que tu as sur le cœur, tu l'imagines comme une boule très noire qui est dans ta gorge et au moment où tu pousses ton cri la boule se transforme en bulles de savon qui s'envolent dans le ciel. Maintenant, c'est fini et on peut chanter.* »

*Créer*
Durant la relaxation, les sons et les mélodies improvisées développent la créativité naturelle de

l'enfant. Le chant n'est plus réservé à ceux qui savent chanter, qui sont doués pour la musique mais offre un espace d'ouverture pour tous. L'enfant crée son imaginaire de la voix ; des dialogues sonores s'instaurent entre son corps-instrument et l'univers qui l'entoure : *« Ecoute bien les résonances de la terre. Elles circulent dans ton corps. Elles se servent de lui comme d'une guitare qui jouerait toute seule. Chante ces sons à l'intérieur de toi, puis libère-les dans l'espace. »*

## • Comptine et chanson •

La comptine est un jeu de sons qui se répète à l'infini. Les mots chantent et restent accessibles au-delà du sens. C'est une plongée dans l'imaginaire, un condensé d'histoire qui reste gravé dans la mémoire et que l'enfant reproduit au fil de la journée lorsqu'un manque d'affection se fait sentir, un besoin d'être rassuré, de se sentir protégé par cette berceuse mentale qu'est la comptine. Elle favorise la communication entre les deux hémisphères cérébraux réconciliant la logique du cerveau gauche et la fantaisie débridée du cerveau droit. Ces petits textes amusants et chantants ne demandent qu'à être répétés rythmiquement jusqu'à ce qu'il s'en dégage une mélodie.

La chanson encourage l'enfant à se servir des mots comme catalyseurs d'émotions, à s'identifier à sa culture, à expérimenter des langages nouveaux. Faites-lui entendre (et aussi laissez-le choisir) des chants d'enfants du monde entier, des mélodies traditionnelles et des chansons actuelles.

### • La thérapie vocale •

La thérapie vocale est une technique idéale pour aborder le pouvoir vibratoire des voyelles et des syllabes en les reliant aux résonances du corps (se reporter à mon ouvrage, *La Voix qui guérit*, Editions Jouvence). Bien des difficultés d'élocution et d'expression, de troubles psychosomatiques et du comportement se sont améliorés grâce à cette technique qui est ici adaptée pour les enfants. Elle ne nécessite pas une belle voix ou des dons particuliers pour la musique. La thérapie vocale retourne aux vibrations primordiales et renoue avec la communication essentielle qui s'est établie entre la voix de la mère et le fœtus avant la naissance. Elle est basée sur les résonances corporelles des sons vocaux et leurs inductions sur les organes, les glandes endocrines et les centres énergétiques.

## *Les sons énergétiques pour votre enfant*

En thérapie vocale, chaque son de voyelle entre en correspondance avec une zone de résonance. Si votre enfant a mal au ventre, il chantera la voyelle OU (en fait, il s'agit d'un U prononcé à l'italienne) en se concentrant sur son abdomen ; s'il souffre de maux de tête, il entonnera le son O en se focalisant sur son front. Le son de voyelle doit sortir spontanément, peu importe la note sur laquelle il est émis, toutefois il est préférable d'émettre le son OU dans le grave et les autres voyelles dans le médium.

La séance peut être courte (une dizaine de minutes) mais toujours précédée d'une période de silence : *« Chasse les bruits extérieurs, laisse passer les pensées, ne t'en préoccupe plus. Ton corps est une grande maison et tu écoutes les bruits qui te parviennent de chaque pièce : le battement de ton cœur, le souffle de ta respiration, le bruit de ton estomac, de ton ventre... A présent, laisse-toi aller complètement et quand tu te sentiras complètement détendu, imagine que le soleil éclaire ton ventre (ou toute autre zone) qui te fait mal, le réchauffe et l'apaise. Chante le son OU et sens ton ventre devenir de plus en plus léger et lumineux. »*

De même, vous pouvez entonner au début et à la fin d'une séance de relaxation, une syllabe énergétique choisie en fonction de l'état émotionnel de l'enfant comme Khéi, contre la nervosité, ou Té, contre l'anxiété. Les voyelles doivent être enchaînées lentement en concluant par un M bouche fermée.

| *Les voyelles en thérapie vocale* | | |
|---|---|---|
| **Sons** | **Zones de résonances du corps** | **Indications** |
| Ou | Racine du dos, reins, bassin, ventre | Maux de ventre, peur, anxiété |
| É | Glandes sexuelles, colonne vertébrale | Maux de dos, fatigue, nervosité |
| Ai | Plexus solaire | Troubles digestifs, émotivité, hypersensibilité, somatisation |
| I | Poumons, cœur | Difficultés d'intégration, repli sur soi |
| A | Gorge, voix | Maux de gorge, problèmes d'expression, de communication |
| O | Front | Maux de tête, manque de créativité, d'imagination |
| I (aigu) | Cerveau | Surmenage, insomnie, déséquilibre de l'axe vertébral |

## • L'art-thérapie •

En art-thérapie, la forme visuelle est le moyen de communication principal. Elle s'inscrit dans une démarche d'approfondissement de l'expression non verbale de l'enfant : il dessine, sculpte, peint, façonne des objets qui illustreront par leur symbolique les émotions vécues durant la séance. En nous donnant par les formes et les couleurs une lecture de son imagerie mentale, l'enfant nous apporte un certain nombre de clés pour résoudre ses difficultés. L'art-thérapie lui permet d'exprimer de façon ludique et concrète ses peurs refoulées, ses mauvais souvenirs, et d'entamer inconsciemment un processus de guérison. Rien n'empêche ensuite d'ouvrir le dialogue avec l'enfant afin qu'il mette des mots sur ses créations non verbales, qu'il leur donne du sens et du ressenti. L'écriture d'un texte, la création d'une bande dessinée, la composition d'une chanson sont, parmi d'autres, des explorations artistiques qui contribuent à libérer l'enfant de ses conflits intérieurs.

### • Les yogas •

Sources d'inspiration de notre relaxologie moderne, les techniques ancestrales du yoga venues de l'Inde ont apporté à l'être humain bien des réponses essentielles sur le temple du corps, à la fois lieu d'échanges des énergies et présence du sacré incarnée dans l'homme.

Le *Hatha-yoga* est la forme de yoga la plus connue avec ses enchaînements de mouvements et ses exercices respiratoires qui conduisent à la maîtrise du corps énergétique. Pour l'enfant, il est conseillé de ne pas commencer par des postures trop complexes mais d'abord, en position allongée, de lui faire prendre conscience de sa respiration, de cette force vitale, ou *prâna*, qui circule en lui.

- Choisissez par exemple l'image symbolique de l'arbre et quand vous le sentez suffisamment réceptif, dites-lui : « *Tu es comme un arbre avec de la sève et plus tu inspires profondément, plus elle te nourrit à l'intérieur. Laisse grandir cet arbre en toi et apaiser par ton souffle tout ce qui te fait mal. Tu te sens bien dans cette forêt et tu as envie d'y rester encore un moment.* »
- Il est important de l'initier également à la technique des trois respirations (abdominale, pulmonaire, sous-claviculaire) grâce à des petites relaxations qui s'intègrent parfaitement à un emploi du temps chargé en période scolaire : « *Tu es allongé sur le sable chaud d'une plage et quand tu inspires, la mer recouvre d'abord ton ventre puis se retire quand tu relâches le souffle. C'est la marée montante et les vagues viennent à présent jusqu'à ta poitrine puis repartent au loin. Inspire de nouveau. L'eau salée monte à l'assaut de tes épaules puis s'éloigne vers l'horizon. Ta respiration est comme une vague. Laisse-toi bercer par la musique de la mer.* »

Parmi les autres yogas, le *yoga-Nîdra* favorise une relaxation passive et profonde en se concentrant sur chaque partie du corps. Les *Shabda* et

*Nâda-yoga* sont des thérapies par le son où l'enfant expérimente les effets subtils des vibrations.

## • Autres techniques de relaxation •

Ce qui est important en yoga comme en relaxation, c'est de créer votre technique personnelle qui répondra parfaitement aux attentes de l'enfant et que vous vivrez intensément avec lui. Toutefois, vous trouverez certainement votre bonheur parmi les nombreuses méthodes existantes en y puisant çà et là quelques exercices inspirants. Parmi elles, citons :

- **L'eutonie** de Gerda Alexander permet de mieux assumer son corps et de restructurer la personnalité en redonnant à chaque mouvement son rythme initial et naturel.
- **Le massage californien** procure une détente globale par des mouvements tout en douceur et en fluidité, des étirements, des bercements et des stimulations profondes, tout un art du toucher qui prend soin de l'être et lui apporte beaucoup d'amour et de réconfort. C'est une thérapie particulièrement adaptée à l'enfant hypersensible, affectif, qui a besoin de partager ses moments de vulnérabilité.
- **La méthode Vittoz** tend à agir sur l'activité cérébrale (concentration, volonté, mémoire,

difficultés scolaires…) en éliminant les facteurs de stress.

- **L'ostéopathie aquatique** ajoute les vertus analgésiques et relaxantes de l'eau chaude à la thérapie manuelle. Dans ce milieu liquidien, l'enfant est mis en confiance, accepte mieux les manipulations et dialogue en profondeur avec ses musiques internes.
- **La relaxation progressive** de Jacobson consiste en une prise de conscience des sensations provoquées par les contractions et les détentes musculaires.
- **Le training autogène** de Schultz est notamment basé sur la suggestion et l'autohypnose et ses effets sur le corps (chaleur, fraîcheur, lourdeur…).

Comme il n'est jamais bon de s'isoler dans sa pratique, l'enfant aimera partager avec d'autres des séances de relaxation* qui enrichiront celles pratiquées à la maison, lui procureront une saine émulation et favoriseront sa socialisation.

---

*Ateliers de relaxation pour enfants par l'auteur :
33(0)1.48.02.45.27 – www.planetevoix.com

5

# *Le bilan relaxologique personnalisé*

Le bilan relaxologique personnalisé a été mis au point à partir des recherches de l'auteur. Il répond à un double objectif :

- Déceler les blocages physiologiques et énergétiques qui se manifestent par des dysfonctionnements métaboliques et des troubles apparemment mineurs du comportement (respiration haletante, spasme, nervosité…) avant et pendant la séance.

- Choisir, parmi les séances proposées dans cet ouvrage, celles qui sont les plus appropriées pour régler les troubles constatés.

### • Rédiger une fiche par séance •

Il est intéressant de noter à chaque fois les effets de la relaxation afin d'adapter, selon les affects de l'enfant, les techniques proposées et d'envisager le cas échéant des thérapies complémentaires (homéopathie, acupuncture...).

Vous remplirez à chaque fois la fiche qui comprend deux parties :

1. Etat de l'enfant avant la séance : évaluations.
2. Effets pendant la séance : bilan relaxologique.

### • Détecter les blocages psychologiques •

Soyez attentif aux inductions corporelles, c'est à dire aux interactions émotionnelles de la relaxation, en particulier celles des musiques et des sons vocaux, qui révèlent par un certain nombre de troubles mineurs et réversibles (manifestations cutanées, oppression, nervosité, douleur au niveau d'un plexus ou d'un organe, sensation de boule dans la gorge...) des problèmes la plupart du temps d'ordre psychique qui n'ont pas été réglés. Il faut insister sur le fait que ces "cris du corps" nécessitent du temps pour être traités et que la relaxation ne peut se substituer aux soins médicaux dont l'enfant aurait éventuellement besoin.

## • Analyser les résultats •

Reportez avec précision sur votre fiche le vécu de la séance en dialoguant avec l'enfant (mots-clés, gestes, visualisation de couleur, résurgence d'une situation passée…) Servez-vous des résultats du bilan psychomusical pour mieux cerner ses besoins réels. Les résonances profondes de l'être sont ainsi explorées tant dans la faculté à s'autoguérir par les sons qu'à se révéler grâce au pouvoir affectif, suggestif et transformateur de la musique. Au fil des séances, les effets somatiques doivent progressivement disparaître. Dix séances régulières vous permettront de cerner le profil relaxologique de l'enfant et les techniques harmonisantes qui lui ont été bénéfiques.

## *Bilan relaxologique personnalisé*

*Méthode Philippe Barraqué*

**Date et heure de la séance de relaxation**

Entourez dans chaque case le(s) mots sélectionné(s)

**• Etat de l'enfant avant la séance – Evaluations**

**1. Etat émotionnel de l'enfant**

Calme – passif – enthousiaste – énervé – tonique – agressif – attentif – distrait – gai – triste

**2. Trouble(s) physique(s) éventuel(s)**

**3. Effets recherchés**

Amélioration de l'expression et de la communication – Apaisement d'une douleur ou d'un stress – Concentration et maîtrise de soi – Conscience du corps, du souffle, des rythmes – Développement des sens et des perceptions – Détente et créativité – Enracinement et équilibre – Gestion du stress et des émotions – Harmonisation des centres énergétiques – Motricité et résonances du corps

**4. Séance(s) du livre**

Page(s) :

**5. Techniques utilisées**

Relaxation passive/active – chant – danse – dessin – écriture – jeu – pensée positive – visualisation

**6. Œuvres musicales**

Votre sélection :

**7. Sons énergétiques**

Votre sélection :

**8. Ambiances olfactives**

- Encens Votre choix :
- Huiles essentielles Votre choix :

**9. Techniques complémentaires**

| | |
|---|---|
| - Elixirs floraux | Votre choix : |
| - Cristaux | Votre choix : |
| - Massage | Votre choix : |
| - Autres | Votre choix : |

**• Effets pendant la séance – Bilan relaxologique**

**10. Effets secondaires**

| | |
|---|---|
| - Respiration | Normale – haletante – irrégulière |
| - Sensation de froid | Oui – Non |
| - Mouvements incontrôlés | Oui – Non |
| - Spasmes, douleurs | Oui – Non |
| - Maux de tête | Oui – Non |
| - Pâleur du visage | Oui – Non |

**11. Blocages énergétiques**

| | |
|---|---|
| Racine du dos | Oui – Non |
| Bas-ventre | Oui – Non |
| Plexus solaire | Oui – Non |
| Poitrine | Oui – Non |
| Gorge | Oui – Non |
| Tête | Oui – Non |

**12. Equilibrage des énergies**

| | |
|---|---|
| - Fourmillements | Oui – Non |
| - Rougeurs sur le corps (plexus notamment) | Oui – Non |

**13. Réactions affectives**

| | |
|---|---|
| Apaisement | Oui – Non |
| Joie | Oui – Non |
| Extase | Oui – Non |
| Anxiété | Oui – Non |
| Agressivité | Oui – Non |
| Tristesse | Oui – Non |

| | |
|---|---|
| **14. Bilan psychomusical** | |
| Sons spontanés émis durant la séance | Oui – Non |
| Si la réponse est oui, sur quelle(s) voyelle(s) ? | |
| Qualité de la voix durant la séance | Equilibrée – Etouffée – Inexistante |
| Action de la musique (œuvres choisies) | Positive – Négative |
| Visualisation de couleur(s) | Oui – Non |
| Quelle(s) couleur(s) ? | |
| A-t-il revécu une situation passée ? | Oui – Non |
| Si oui, laquelle ? | |
| S'est-il exprimé par le geste ou la danse ? | |
| Si oui, précisez : | |
| A-t-il dessiné ou écrit ? | Oui – Non |
| Si oui, précisez : | |
| **15. Effets de la séance sur l'état général** | |
| Meilleure tonicité | Oui – Non |
| Disparition partielle ou totale des troubles (voir rubrique 2) | Oui – Non |
| Fatigue | Oui – Non |
| **16. Vécu global de l'enfant** | Positif – Négatif |
| Résumez en quelques mots-clés votre dialogue après la séance | |
| Souhait de l'enfant pour la prochaine séance | |
| Relaxation passive/active – chant – danse – dessin – écriture – jeu – pensée positive – Visualisation | |
| **17. Résultat global de la relaxation** | Positif – Négatif |
| **Vos observations** | |

# 6

# *La relaxation, c'est maintenant*

## • Bébé relax •

*Indications :* éveil des sens par les sons naturels et la voix des parents, massage énergétique et harmonisation, yogathérapie adaptée au nourrisson, chant néonatal, stimulation du thymus.

*Matériel :* carillon, mobiles musicaux (à fabriquer soi-même), flûte à bec, support sonore (bruits d'eau).

*Conseils :* confectionner avec soin les petits instruments et choisir les matériaux selon votre sensibilité. Prendre conscience de l'impact de vos voix (en particulier sur les sons RA-MA, qui servent aussi à harmoniser le couple) et les moduler en fonction des ressentis de bébé. Bien localiser le thymus qui est une petite glande endocrine qui contribue aux défenses immunitaires du nourrisson. Analyser chaque étape de la séance, sa charge émotionnelle et affective, la renouveler régulièrement en y intégrant votre vécu et en fonction de l'évolution et du ressenti de bébé. Prolonger la réflexion par la recherche de l'enfant intérieur qui demeure en vous.

*Au-dessus de son berceau, placez un ou plusieurs mobiles que vous pouvez fabriquer vous-même avec des coquillages, des perles ou des morceaux de bambous de différentes longueurs. L'important est de choisir les matériaux en fonction de leur résonance harmonieuse. On peut ajouter des petits nuages ou des animaux sympathiques découpés dans du carton. Ces mobiles ont un attrait ludique pour votre bébé car ils éveillent sa curiosité et le bercent en musique. L'utilisation d'ambiances naturelles comme le chant d'une petite fontaine installée près de son berceau le plonge dans le concert d'un élément qu'il connaît bien et qui le sécurise.*

*Commencez la séance par un chant très doux émis par la voix de la mère sur le son : MA. Insistez bien sur la consonne M bouche fermée qui est très maternante et sortez la voyelle A en y mettant toute votre tendresse et votre amour. Si vous n'avez pas l'habitude de chanter, soyez à l'écoute de ses réactions et adaptez vos sons en conséquence. Si un son ne lui plaît pas, il vous le fera savoir ! Ajouter la voix du père sur le son RA. Laissez sortir spontanément les sons sans réfléchir. Plus il seront intuitifs, plus ils scelleront ce lien énergétique particulier qui vous unit tous les trois. La maman place alors l'extrémité des doigts sur le front de bébé et descend en effleurant à peine la peau jusqu'aux tempes, aux joues, au menton et au cou. C'est un mouvement très fluidique comme une source qui s'écoule sur le visage de l'enfant. Refaites encore deux fois ce même mouvement.*

*Approchez-vous de son front et chantez très près de l'espace entre les deux sourcils le son OM en pensant bien que votre enfant est un élément de la création représentée par la voyelle O et qu'il est venu sur terre pour s'incarner et s'enraciner grâce aux vibrations terrestres de la consonne M qui se prolonge. Puis respectez une plage de silence.*

*Inspirez profondément et soufflez légèrement sur le visage et le corps de bébé. Ce souffle doit être rempli de votre énergie intérieure que vous lui transmettez. Il a reçu l'eau purifiante et protectrice, il prend maintenant des forces pour bien commencer sa vie. C'est un souffle vital très léger, presque imperceptible, mais qui porte en lui votre vibration particulière. Si papa est un peu musicien, il soufflera très doucement dans sa flûte à bec et lui jouera un petit air très apaisant. Si bébé ferme les yeux et s'endort, la séance s'achèvera dans les bras de Morphée et vous la prolongerez une autre fois. S'il en redemande, frottez les paumes des mains et accumulez ainsi de l'énergie vitale. Placez les paumes au-dessus de sa tête sans la toucher et effectuez des cycles respiratoires avec rétention de quelques secondes. Vous remarquerez que lorsque vous retenez votre souffle, des fourmillements et de la chaleur s'accumulent dans vos doigts. Procédez ainsi au niveau du front, de la gorge, de la poitrine, du plexus solaire, du bas-ventre, des membres inférieurs et des pieds. Le mouvement s'achève comme une vague qui s'éloigne vers l'horizon. Refaites-le deux fois et par la pensée, visualisez vos mains comme le réceptacle d'un grand feu qui éradique toutes les douleurs et les émotions perturbatrices vécues par bébé et sa maman durant la grossesse et l'accouchement. Selon ses convictions, on peut aussi visualiser cette naissance comme faisant partie d'un cycle de vies et l'énergie des mains comme étant un moyen d'alléger toutes les conséquences inévitables des incarnations passées.*

*C'est au tour de Papa d'harmoniser le corps énergétique de bébé. Il visualisera son chemin de vie en parcourant chaque zone du corps qui peut ainsi être traité spécifiquement : le sommet du crâne et le front suggèrent l'éveil de l'enfant, sa sensibilité, sa réflexion, ses capacités intellectuelles ; la gorge éclaire l'être dans sa volonté de s'exprimer, de chanter, de se libérer de ce qu'il a sur le cœur ; dans la poitrine, bat justement ce cœur qui le relie aux autres et qui rythme les moments forts de son existence ; le plexus solaire et le bas-ventre se chargent souvent d'émotions qu'il faudra lui apprendre à canaliser ; les membres inférieurs évoquent l'enracinement, la concrétisation des projets, les challenges de la vie. Beaucoup de symbolisme se dégage d'un simple massage énergétique et papa sera en quelque sorte l'éveilleur : celui qui trace la voie et accompagne l'enfant.*

*Après l'eau, l'air, le feu, le moment est venu de transmettre à bébé l'énergie de la terre afin qu'il soit véritablement un être bien posé dans son arbre de vie. Papa et maman visualisent un point très lumineux situé au niveau de la poitrine de bébé, devant la trachée. C'est le siège d'une petite glande endocrine que l'on appelle le thymus et qui a un rôle prépondérant au niveau de la croissance et des défenses immunitaires de l'enfant les sept premières années de sa vie. Chantez le son AIM et visualisez un rayon de couleur lilas mauve qui part de sa poitrine et vous relie tous les trois.*

## • Relaxations pour enfants de 2 à 6 ans •

### *Ecoute le lierre*

*A partir de 2 ans*

*Indications :* développement des sens (toucher, odorat, écoute), conscience du corps et du souffle, découverte des sons naturels, détente par la voix

*Matériel :* des feuilles de lierre

*Conseils :* lors d'une promenade en forêt, choisir un endroit calme et aider l'enfant à cueillir les feuilles de lierre. Le texte proposé est une trame que vous pouvez adapter selon l'âge et la compréhension de l'enfant.

*Quand tu iras dans la forêt, cueille des feuilles de lierre. Tu sais, ce sont ces feuilles qui entourent les troncs des arbres. Le lierre n'est pas nuisible à*

*l'arbre tant qu'il ne l'étouffe pas ! C'est pourtant bien souvent le cas. Choisis donc un arbre très entouré par un lierre envahissant. Il est un peu "pot de colle" le lierre, ce n'est pas de sa faute s'il aime la compagnie des arbres, des murs et des vieilles maisons.*

*Toujours est-il que tu prends à présent une bonne brassée de lierre que tu retires délicatement du tronc de l'arbre. Ecoute bien le petit cri du lierre quand tu l'arraches. Il n'aime pas vraiment ça tout comme tu n'aimes pas qu'on te tire les cheveux. Bref, sois attentif à ce petit cri et dis-lui simplement à voix basse quelques mots gentils pour le consoler. Secoue le lierre afin que tous les insectes qui l'avaient choisi comme maison puissent trouver un nouvel abri (rassure-toi les lierres, ça ne manque pas dans la forêt !). Puis assieds-toi, pose le lierre sur le sol et ferme les yeux. Sens-tu les parfums de la forêt, la caresse du vent sur ton visage ? Sois le plus silencieux possible afin d'écouter tes nouveaux amis qui habitent ici : le chant des oiseaux et des insectes, le bruit des branches, la chaleur du soleil, des voix qui t'appellent au loin… C'est un peu comme s'endormir, laisse-toi bercer par le vent, les sons, les parfums. Tu peux chanter tout bas une berceuse si cela t'aide, un chant doux qui te fait du bien…*

*Garde bien les yeux fermés et cherche tout près de toi le lierre que tu as posé sur le sol. Caresse les feuilles puis choisis en une. Avec l'extrémité du doigt, fais le tour de la feuille. Quelle est sa forme ? A-t-elle une odeur ? Est-elle agréable au toucher ?*

*Et sa voisine ? Est-elle plus petite ou plus grande, plus douce sous les doigts ?*

*Quand tu commences à sentir des fourmis dans les jambes, étire-toi comme un chat très doucement. Un chat qui vient de terminer sa sieste prend tout son temps. Etire donc bien les jambes, puis les bras, l'un après l'autre, puis tout ton corps. Ouvre un œil, puis deux. (Quand tu croiseras un chat, observe bien son réveil et imite-le !) Détache délicatement du collier de lierre un maximum de feuilles mais prends bien soin d'entendre toujours ce petit cri qui te chatouille dans l'oreille : « Douceur, douceur, douceur... » Quand tu en as une bonne poignée, regarde le ciel et lance les feuilles vers le soleil. Observe leur envol puis leur retour. Elles sont les amies du vent et se posent comme des papillons sur le sol. Essaye, toi aussi, de les imiter ; lève-toi et cours en battant des bras dans la forêt... Puis quand tu sentiras ton corps aussi souple qu'une feuille de lierre, tu n'auras plus besoin de courir. Pose-toi comme un papillon. Inspire l'air en gonflant les poumons et en tendant les bras vers le ciel. Retiens ton souffle et écoute la forêt. Puis descend lentement les bras tout en soufflant doucement : SSS...Sur le chemin du retour, chante la chanson du lierre :*

Le lierre est un chat de gouttière
qui s'étire dans le vent,
plus on le coupe, plus il s'étend,
le lierre est un prince des pierres
et dans la clairière il m'attend

### *La forêt de tes doigts*

*A partir de 3 ans*

*Indications :* détente par le mouvement et le souffle, harmonisation et sensations corporelles

*Matériel :* aucun

*Conseils :* le faire respirer le plus bas possible en utilisant la respiration abdominale et veiller à ce que les sons OU soient émis les lèvres très en avant.

*On t'a dit plein de choses sur tes doigts : qu'ils étaient tes frères ou tes sœurs ; tu les as comptés, mesurés du plus petit au plus grand... En fait, il ne s'agit pas de ça du tout. Tes doigts sont des arbres. Oui, tu as bien entendu, et ta main supporte leur caractère parfois ombrageux comme elle le peut. Place tes deux paumes devant ta bouche (on appelle paume, la partie de la main qui est parcourue de petites rides comme celles que tu peux voir sur les feuilles des arbres ; certaines personnes sont capables de lire l'avenir dans ta main mais pour l'instant occupons-nous du présent !). Prends une bonne respiration et souffle le plus longtemps possible. C'est un vent très léger qui se lève et non pas celui d'un volcan ou d'une tempête. Ecarte légèrement les doigts puis refais le mouvement contraire tout en continuant de souffler. Plus tu es détendu, plus tes doigts sont bercés par ce léger souffle. Les arbres sont comme ça, ils vivent leur vie et sans que tu t'en aperçoives, ils dansent doucement sur un rythme régulier. Respire normalement à présent et laisse-les continuer...*

*Puis souffle brusquement sur tes paumes comme on éteint une bougie. Tes doigts sont comme des arbres ébouriffés qui viennent de perdre quelques feuilles au passage. Tout comme les plantes, les arbres ont besoin d'engrais, c'est à dire de nourriture pour grandir. Toi aussi, tu as besoin de faire le plein d'énergie le matin en mangeant des fruits, des céréales et en buvant du chocolat. Tout le monde a besoin d'être en forme et il n'y a rien de plus triste que des doigts rabougris comme de vieux arbres. Tu es d'accord pour leur donner de l'énergie ? Bien. Tu vas leur chanter un son extraordinaire, un son qui fertilise tes dix arbres que sont tes doigts.*

*Pour cela, mets-les en cercle près de ta bouche. Les arbres procèdent comme ça lorsqu'ils réunissent le grand conseil de la forêt. Chante sans t'arrêter : OU... Distribue bien l'énergie à chacun de tes dix petits arbres comme on réchauffe ses doigts pour lutter contre le froid : OU... Continue de chanter et si tu ressens de l'énergie, c'est que tu as bien fait ton travail. Mais il n'y a pas que tes doigts qui réclament de la nourriture, ton corps est, lui aussi, un arbre mais en bien plus grand. Place tes paumes très près de ton front mais sans le toucher. Une douce chaleur très agréable se répand.*

*Descend lentement en passant par le visage, le cou, la poitrine, le ventre et sens que tu es un arbre très heureux sur terre et prêt à accueillir cette nouvelle journée qui commence.*

### *Le jardin de la terre*

*A partir de 3 ans*

*Indications :* enracinement, exploration des champs de perception, expression vocale

*Matériel :* aucun

*Conseils :* choisir un lieu en pleine nature ou le cas échéant, travailler sur un support sonore inspirant (chants d'oiseaux, bruits d'océan…)

*Tu es debout et tes bras pendent comme ceux d'une marionnette à fil. Tes genoux sont légèrement fléchis. Sens le sol sous tes pieds. Tes talons s'enfoncent comme dans du sable. Concentre-toi sur chaque orteil afin qu'il trouve sa place sans se disputer avec les autres. Imagine que chaque orteil est un plante que tu as mise dans la terre pour la faire pousser. Recroqueville-les légèrement pour mieux sentir le bout des doigts. Des petites racines de toutes les couleurs s'enfoncent dans le sol et rejoignent celles des arbres et des plantes les plus divers, mais surtout toutes les racines des pieds qui peuplent la terre. Tout être humain mais aussi tout animal à pattes sont reliés à toi. Regarde bien ton chien ou ton chat, ils ont des racines eux aussi !*

*Même les rochers, l'eau de la rivière, ou les moustiques ont des racines qui ne se voient pas. Entends tous les cris, les chants, les bruits, les souffles qui t'entourent…*

*Puis inspire profondément et chante :*

*Dans le jardin de la terre*
*Y'a des pieds bleus, y'a des pieds verts*
*Des orteils et des talons*
*Qui sortent tous des maisons*

*Quand je compte mes doigts de pieds*
*Il y en a dix, je les ai comptés !*
*Quand je compte tous ceux sur terre*
*C'est difficile, ça m'désespère*

*Mais on est tous reliés*
*Par des racines d'amitié*
*Tous les êtres humains sur terre*
*Les animaux, les vers de terre*

*Même si on n'a pas de pied*
*D'orteil, de talon pour marcher*
*On est tous reliés*
*Par des racines d'amitié*

## Le chaudron de la sorcière

*A partir de 4 ans*

*Indications :* développement des sens et de l'expression, harmonisation par le souffle, concentration et détente

*Matériel :* plantes aromatiques (basilic, estragon, thym, mélisse, menthe), petit sac en tissus, feuilles à dessin, crayons de couleur

*Conseils :* utiliser des plantes aromatiques fraîches et les faire cueillir si possible par l'enfant.

*Si tu as un jardin, tant mieux, car tu vas pouvoir cueillir des plantes aromatiques dans le potager. Choisis-les en prenant soin de ne pas arracher de racines car elles en ont besoin pour repousser et pour donner du goût à tout ce que tu manges. Tout serait fade dans ton assiette si elles n'existaient pas. Remercie-les bien et place-les délicatement dans un petit sac. Si tu habites en ville, on te fera la surprise de te les rapporter du marché. Mais aromatique, c'est un drôle de nom. C'est un peu magique, non ? Ca te rappelle peut-être une histoire de sorcière devant son chaudron fumant ? Assieds-toi et dessine-moi une sorcière.*

*Devant toi et sous le regard attentif de la sorcière que tu as dessinée, tu as posé ton petit sac. Surtout ne regarde pas à l'intérieur et ferme les yeux. Prends une plante au hasard avec la main droite. Frotte-la légèrement entre les doigts et sens-la en ouvrant bien les narines. Respire le parfum de la plante et imagine qu'il circule à l'intérieur de ton corps tout comme la sève qui nourrit l'arbre. Est-ce un parfum agréable ? Essaye de le décrire en gardant les yeux fermés. Est-il plus proche de la menthe ou du citron ? D'une fleur ou d'un aliment que tu aimes bien manger ? Si ce parfum se transformait par un coup de baguette magique en animal, serait-il un chat ou un loup, un oiseau ou un poisson ? Imite le cri de cet animal.*

*Garde dans ta main droite la plante et choisis en une autre dans le petit sac avec la main gauche. Tes yeux sont-ils toujours fermés ? Bon, on peut continuer. Est-elle plus lisse ou plus rugueuse sous les doigts que la première ? Et son parfum est-il plus doux ou plus fort ? Fais-le voyager à l'intérieur de ton corps en le respirant profondément (attention il s'agit bien de respirer et non pas d'introduire la plante dans tes narines, ce serait très désagréable pour toi et, je t'assure, inutile). Imagine-toi que ce parfum est comme du miel qui te fait du bien là où il passe. Compare à présent le parfum des deux plantes. Respire la première par la narine droite et imagine que c'est la lumière du soleil qui t'apporte de la joie. Ne t'occupe à présent que de la seconde plante et respire-la par la narine gauche. Cette fois, c'est la lumière de la lune qui t'entoure et te calme.*

*Ouvre les yeux et regarde bien les deux plantes. Est-ce que cela correspond aux formes et aux couleurs que tu avais imaginées ? Il y a dans chaque chose un secret bien caché et ce n'est qu'avec les yeux fermés ou dans le silence que tu peux le découvrir. C'est pareil pour toi ou pour moi. Chaque être a un parfum particulier qui se répand lorsqu'on donne de l'amour aux autres.*

*Regarde comme la sorcière est impatiente ; ses yeux luisent à l'idée que toutes ces plantes puissent entrer dans la composition de son breuvage magique. Elle ricane : « Hè-hè-hè-hè-hè- hè ! » Je suis sûr que toi aussi, tu peux facilement imiter la voix de la sorcière : Hè-hè-hè-hè-hè-hè ! Allez, sois sympa avec elle, il y a dans chaque monstre une petite lumière qui ne demande qu'à grandir. Dessine un grand chaudron entouré de flammes.*

*Pour que cette potion soit efficace et guérisse toutes les misères de la terre, tu dois trouver le nom de chaque plante puis le chanter sur la mélodie qui te vient sans réfléchir. Je vais t'aider à les reconnaître. Je te présente ton copain le basilic, il aime la compagnie des tomates et du soleil. Prends la plante après avoir chanté son nom et mets-la dans le chaudron fumant. Fais de même pour l'estragon et le thym qui parfument les aliments et les sauces, la mélisse et la menthe qui prennent soin de ta digestion.*

*Quand toutes les plantes sont dans le chaudron, approche-toi et respire leur parfum. C'est une odeur nouvelle, étrange mais agréable. Laisse-la circuler en toi. Elle efface toute douleur et ton mal s'envole comme la fumée d'un grand feu.*

### *Les tuyaux siffleurs*

*A partir de 4 ans*

*Indications :* coordination et synchronisation des gestes, vitesse d'exécution des mouvements et production de sons, découverte d'un matériau sonore simple pour créer sa propre musique, éducation de l'oreille et éveil musical (accompagnement instrumental et voix, chant harmonique)

*Matériel :* deux tuyaux en plastique souple d'un mètre environ et de même diamètre

*Conseils :* après chaque modification de mouvement, sensibiliser l'enfant à l'effet sonore produit, puis laisser libre cours à sa créativité.

*Connais-tu les tuyaux siffleurs ? Non ? Tu en as deux près de toi qui ne demandent qu'à être pris en main. Tu es en position debout, bien stable sur tes jambes et tu prends le premier avec ta main droite et tu le fais tourner comme un lasso. D'abord lentement. Puis de plus en plus vite. Ecoute bien son sifflement : il change en fonction de la vitesse. Plus le tuyau tourne vite, plus il monte dans l'aigu. Siffle avec lui. Chante avec lui. Puis ralentis jusqu'à ce qu'il n'émette plus de sifflement. Prends le deuxième avec ta main gauche. Fais-les tourner en sens opposé. Celui de gauche tourne comme les aiguilles d'une pendule. Celui de droite fait tout le contraire par pur esprit de contradiction. Imagine que ce sont deux serpents qui en avaient assez de faire peur aux aventuriers dans la jungle et qui ont décidé de se mettre à voler. L'un s'appelle Séraphin : il est très attaché à ta main gauche. L'autre, Célestin, rêve d'escalader les pentes du ciel en ondulant avec ses écailles d'argent. Chacun a son chant. Ecoute bien Séraphin puis Célestin. Essaye de faire tourner le premier moins vite que le second. Séraphin émet un sifflement moins aigu que Célestin. Inverse les rôles. C'est le contraire qui se produit ! Quand c'est plus bas, on parle de son grave. Au contraire, quand ça monte de plus en plus haut, il s'agit alors de son aigu. A présent, ferme les yeux et simplement à l'oreille donne à Séraphin et Célestin un mouvement identique. Ecoute bien leur sifflement et quand il n'y aura plus de différence entre les deux, c'est qu'ils tourneront à la même vitesse. Chante avec eux : AN.... Prolonge les sons le plus possible et bouge ta bouche comme un poisson pour faire sortir des sons très étranges. On les appelle des sons bleus car ils ont la particularité de venir du ciel. Tu peux maintenant ouvrir les yeux et t'accompagner de Séraphin et Célestin pour chanter leur chanson* (à chanter de plus en plus vite) :

*Les tuyaux siffleurs*
*Prennent de l'altitude*
*Et jusqu'aux Bermudes*
*Se font voyageur*

*Les tuyaux siffleurs*
*Pris de solitude*
*Jouent les persifleurs*
*Les serpents moqueurs*

*Les tuyaux siffleurs*
*Prennent des habitudes*
*Ils sifflent à toute heure*
*Effrayent les voleurs*

*Les tuyaux siffleurs*
*N'ont pas la vie rude*
*Comme l'autocuiseur*
*Qui siffle à douze heures*

*Les tuyaux siffleurs*
*Les tuyaux souffleurs*
*S'essoufflent les siffleurs*
*S'essoufflent les souffleurs...*

### *Les maisons de ton corps*

*A partir de 5 ans*

*Indications :* conscience du corps, gestion du stress et des émotions, harmonisation des plexus (troubles psychosomatiques), massage doux (aromathérapie).

*Matériel :* quelques gouttes d'huiles essentielles (orange, citron, lavande) à diluer séparément dans trois coupelles avec de l'huile d'amande douce, en support sonore les sons de l'océan.

*Conseils :* ne pas appliquer les huiles essentielles pures sur la peau, s'assurer que votre enfant n'a pas de problème d'allergie, masser doucement chaque zone énergétique.

*Il se fait tard et tu es très énervé : pas sommeil mais pas envie de lire, d'écouter, de voir. Beaucoup de "pas" inutiles ; il est temps de te déshabiller et de te mettre au lit. Ça y est, tu es prêt ? Allonge-toi et ferme les yeux. Tend tous tes muscles comme un sportif pendant l'effort, puis dégonfle-toi comme un ballon : Pfff.... Refais-le encore deux fois.*

*Tu es comme une île entourée d'eau et tu te laisses bercer par le vent, le bruit des vagues, les rires au loin des nageurs. Sur cette île, il y a trois maisons et une fée aux doigts de soleil. Ses mains sont si douces qu'elles sont capables d'éloigner les colères et tous les problèmes rencontrés à l'école ou à la maison.*

*La première maison est sur une dune, au niveau du ventre. Sens bien cette dune lorsque tu inspires en gonflant le ventre comme un ballon.*

*Cette maison est parfois balayée par le souffle de la tempête. Concentre-toi sur elle alors que se posent les doigts de soleil de la fée (massez la zone abdominale avec l'huile d'amande douce parfumée à l'orange). Inspire le parfum de la fée. Sens qu'une douce lumière orange circule dans ton corps quand tu relâches le souffle.*

*La seconde maison est face à la mer. Il faut suivre le chemin qui mène à la plage pour la trouver. Elle est de ce fait très sensible aux changements de temps : il pleut et ses murs sont aussi tristes qu'une prison. Un rayon de soleil et la voilà qui éclate de rire ! Très étrange, tu ne trouves pas ? Cette maison est située juste au-dessus de ton estomac et il suffit d'une petite tristesse, d'une déception pour que cela te fasse souffrir. Heureusement, la fée aux doigts de soleil sait caresser le sable de la plage et effacer tous tes soucis (massez la zone du plexus solaire avec l'huile d'amande douce parfumée au citron). Inspire le parfum de la fée. Une douce lumière jaune circule dans ton corps quand tu relâches le souffle.*

*La troisième maison est tout là-haut près de ton cœur. Pour y parvenir, il faut suivre un rayon de lumière qui part de ton ventre, passe par l'estomac, puis monte jusqu'à ta poitrine. Cherche bien ce rayon à l'intérieur de toi. C'est comme celui d'un phare qui guide dans la nuit les bateaux. Inspire profondément et sens une douce chaleur qui monte le long de ton corps, puis qui redescend lorsque tu relâches le souffle. C'est un rayon qui change de couleurs. Il est orange au niveau du ventre, là où se trouve ta première maison, jaune quand il rencontre son ami le soleil, bleu quand il a atteint ton cœur. Efface toutes les autres couleurs qui te rappellent quelques mauvais souvenirs : le rouge de la colère, le gris des mauvaises humeurs… Ne garde que le bleu de l'amour, le jaune de la joie et l'orange de la tendresse et offre-les à la fée aux doigts de soleil qui est toujours là quand tu l'appelles. Dis-lui le mot secret " amour " et inspire son parfum qui te protège dans ta vie comme dans tes rêves (massez la zone de la poitrine avec l'huile d'amande douce parfumée à la lavande).*

### *Le palais de l'encens*

*A partir de 5 ans*

*Indications :* concentration, visualisation et créativité, expression et élocution

*Matériel :* bâtons d'encens (cèdre, santal, vanille), feuille à dessin

*Conseils :* placer le bâton d'encens près de la feuille blanche mais hors de portée de la main de l'enfant. Choisir des parfums subtils et non irritants pour la gorge et les voies respiratoires

*Tu as devant toi une feuille blanche. Regarde-la attentivement comme si tu y plongeais à l'intérieur. Les bruits s'estompent autour de toi. Toutes tes pensées, tu les effaces d'un coup de gomme. Tu te sens léger comme dans un rêve. J'ai allumé un bâton d'encens et sa fumée légère passe au-dessus de ta feuille blanche comme un nuage. Est-ce que tu le vois ce nuage sur ta feuille blanche ? Il y a aussi un champ avec des blés dorés, une maison avec sa cheminée qui fume et un arbre qui est rempli de fruits rouges. S'il n'y pas ce paysage sur ta feuille, ce n'est pas grave. Simplement, tu dois te concentrer davantage. Ta feuille est comme un rideau blanc qui laisse passer les rayons du soleil et le vol d'un oiseau. Il suffit que tu t'approches, le nez dans la toile transparente, pour découvrir tous ces paysages. Mais je vais t'allumer un autre bâton d'encens. Sens-tu son parfum qui te chatouille les narines ? Observe ta feuille blanche et laisse-toi porter par les doux effluves de l'encens qui t'emporte sur son tapis volant jusqu'à un palais où tout est or et lumière. Là je suis sûr que tu vois l'éclat de la couronne étincelante du prince qui t'accueille avec un grand sourire. Souris-lui, toi aussi, et que ton cœur se remplisse de joie et de musique en cet instant précis. Chante avec moi :*

*Sur la feuille blanche*
*J'ai vu des palais*
*Des fruits sur les branches*
*Et des blés dorés*

*Sur la feuille blanche*
*J'ai tant voyagé*
*Que les fleurs se penchent*
*Pour me saluer*

*Les voiles du rêve*
*Les princes et les fées*

*Sur ma feuille blanche*
*Se sont rassemblés*

*Ferme les yeux. Avec mon allumette magique, je vais faire brûler un autre bâton d'encens et son parfum va créer des formes, des couleurs, des personnages fantastiques que tu seras le seul à percevoir. Tu n'as plus besoin de regarder ta feuille blanche. Tu es dans la lumière et tout brille autour de toi. Dis-moi ce que tu vois ? S'il y a du vent ou un torrent, imite le souffle de la tempête ou le chant de l'eau. Moi, j'aimerais bien partager ce que tu vis en ce moment. Raconte-moi ton aventure et surtout n'oublie pas qu'elle se terminera dès que tu ne sentiras plus le parfum de l'encens qui t'a fait voyager. Tu ouvriras alors les yeux et tu répéteras tout bas et sans t'arrêter cette formule où certains mots se disent à l'envers :*

*Bâton d'encens*
*Sans dent tomba*
*Mais le courant*
*Le rattrapa...*

### *Le chant de la terre*

*A partir de 6 ans*

*Indications :* concentration et perceptions sensorielles, enracinement et maîtrise de l'équilibre, détente par les balancements et le chant répétitif, pratique du son en yogathérapie, prise de conscience des effets de la voix sur le milieu naturel

*Matériel :* feuilles à dessin, crayons de couleur, graines, pot en terre
*Conseils :* chanter avec l'enfant la combinaison de voyelles et commencer très lentement le chant répétitif et les balancements qui progresseront naturellement en fonction de ses rythmes internes.

*Tu es debout, les jambes écartées, les bras en croix et les paumes des mains tournées vers le ciel. Ecoute par tes pieds les sons de la terre. Cela peut te paraître étonnant mais le corps écoute et pas simplement les oreilles. Quand un camion passe dans ta rue ou quand on tape sur le plancher, tu as la sensation que la terre te parle. Elle vibre. Elle tremble. Et c'est d'une grosse voix qu'elle te dit : « Assez de vacarme, vive le silence ! » Donc, pose bien tes pieds sur le sol. Oublie tous les autres sons qui t'entourent et ne pense plus à rien. Laisse venir les sensations, toute la vie qu'il y a sous terre. Ce n'est pas un endroit qui doit te faire peur puisque les arbres, les fleurs, les sources, les taupes et les vers de terre et bien d'autres créatures y habitent toute l'année. Ecoute le sol…*

*La terre, c'est une mélodie qui nous réunit tous. Il suffit de te balancer à gauche, puis à droite, pour retrouver tous tes frères et sœurs qu'ils soient enfants ou pierres, rivières ou volcans, herbes folles ou rats musqués, adultes ou nouveau-nés... Imagine un cercle magique si grand qu'il faut se trouver sur une autre planète pour le voir en totalité. Vu de la lune, il y aurait un grand O qui entourerait la terre et la protégerait de toutes les pollutions. Sois ce guerrier valeureux qui par sa danse et son chant foule la terre en signe de respect et chante en continuité : A-I-A-É...A-I-A-É-É ...*

*Ton chant s'éloigne au loin comme un oiseau blanc. Tu es immobile et tu te concentres sur tes paumes de main dirigées vers le ciel. Tes mains sont comme des antennes qui perçoivent le chant des planètes. Oui, comme pour les pieds, les mains ont aussi des oreilles ! Vois de nouveau la terre entourée d'un cercle blanc très lumineux et chante le son universel qui existait avant la création du monde : OM... (Pour bien le chanter, place tes lèvres très en avant ; quand tu chanteras OM devant une glace, tu t'apercevras qu'elles prennent la forme d'un O et qu'en fermant la bouche, la consonne M résonne dans la tête, la poitrine et le dos).*

*Prends une feuille blanche et dessine la terre protégée par un anneau très lumineux. Comme l'explorateur qui ramène de son dernier voyage une foule de notes et de croquis, raconte en bandes dessinées le récit de ton voyage sonore.*

*En utilisant des mots qui contiennent la syllabe OM, tu peux également inventer d'autres chants magiques que tu apprendras par cœur. Ecris-les sur une feuille de papier que tu cacheras dans un endroit secret ou que tu enterreras au fond du jardin. On dit aussi que les plantes aiment la musique et le chant du OM. Pourquoi ne ferais-tu pas pousser des fleurs ? Si tu n'as pas de jardin, c'est possible d'en cultiver sur ton balcon ou dans ta chambre dans un petit pot en terre. En s'occu-*

*pant d'elles chaque jour, tu peux leur chanter des OM et observer les effets produits. Certaines poussent plus vite, d'autres redressent leurs pétales. C'est aussi une expérience à faire avec ton chat ou ton chien préféré car ils entendent bien mieux que nous. Il faut prendre soin de ne pas l'effrayer par des sons trop forts. Aimerais-tu qu'on te crie dans l'oreille ? Ton chien ou ton chat a besoin des mêmes attentions que les humains et ta voix doit être comme une caresse. OM est un son câlin qui est chanté partout dans le monde car il apporte beaucoup d'amour et de douceur :*

OM, sur la terre des hommes
OM, moi petit bonhomme
OM, pas plus grand qu'une pomme
Je chante le OM
Et la terre résonne

OM, dans le cœur des hommes
OM, moi petit bonhomme
OM, papier, crayon, gomme
Je dessine le OM
Et la terre résonne

OM, c'est facile en somme
OM, c'est rond comme une pomme
OM, ça ne tient qu'aux hommes
De chanter le OM
Pour que la terre résonne

## *Masques et jeux de mains*

*A partir de 7 ans*

*Indications :* pour se détendre à deux - concentration et synchronisation des mouvements, expression corporelle et univers sonore , gymnastique taoïste, enracinement et équilibre, conscience de l'autre

*Matériel :* clochette

*Conseils :* les mouvements des mains seront plus fluides en prenant soin de garder les yeux mi-clos et de se laisser mutuellement guider. Prolonger la séance par un travail sur l'imaginaire des masques et la théâtralité des personnages (dessin, écriture, confection).

*Tu es devant ton miroir ; en fait, ce n'est pas un miroir mais un copain ou une copine qui est en face de toi. Vous êtes immobiles et le regard fixe. Vous vous regardez au fond des yeux sans sourire. C'est comme deux statues de pierre dans un grand parc ; elles sont l'une en face de l'autre et peu importe les cris des enfants ou qu'un corbeau se pose sur leur nez, elles restent là à garder les arbres, les fontaines et les pelouses depuis des années. Vous, c'est pareil ; vous êtes les gardiens du temps, vous avez vu passé des rois, des empereurs, des romains et des gaulois, et vous n'avez pas bougé. Mais attention, un virus très particulier attaque aujourd'hui les statues : voilà que ton double te fait un clin d'œil. Observe-le bien et faites-le ensemble.*

*Mais quel œil va-t-il choisir, essaye de lire dans ses pensées et d'être à son écoute…*

*Au coup de clochette, soyez de nouveau imperturbable. Puis imaginez que vous êtes au carnaval et que vous avez des masques à votre disposition. Vous en tenez un entre le pouce et l'index de la main droite et vous le passez devant le visage ; vous avez alors une expression différente. On commence ? Tiens, mettez le masque de l'homme triste et observez-vous : tiens, tes lèvres ont la forme d'un croissant de lune, je vais faire pareil ; tes yeux sont tout petits comme si tu venais de pleurer. Au coup de clochette, hop ! Vous retirez le masque. Vous êtes de nouveau immobile comme deux chats qui s'observent. Prenez maintenant le masque du dragon. Très saisissant lorsqu'il crache du feu mais vos flammes seraient plus rouges si vous imitiez son cri brûlant : Harrrrr (sur le souffle et en raclant la gorge). Changez de masque, vous n'êtes pas obligés de choisir les mêmes. Surprenez-vous ! Non seulement, vous portez un masque mais votre corps change d'aspect : il devient monstrueux, visqueux, énorme ou tout petit… J'ai quelques animaux bizarres à votre disposition : la méduse et son cri mou (Schplaffff), l'alligator qui claque des mâchoires (Clakkkk), le requin dévoreur (Niorkkk), l'autruche boulimique (Ghunrk)…*

*Au coup de clochette, hop ! Vous placez vos paumes sur une glace invisible en face de vous. Vos mains sont très proches l'une de l'autre mais ne se touchent pas ; elles font pourtant les mêmes mouvements. Elles glissent sur la vitre. C'est comme au patinage ou quand on nettoie un grand miroir avec un chiffon. Puis vos mains s'immobilisent, toujours face à face et entrent en contact. Prenez alors une bonne bouffée d'air par le nez et retenez-le prisonnier ; sentez une douce chaleur dans vos mains. Relâchez le souffle et recommencez plusieurs fois. Sculptez l'espace, les paumes toujours collées. Tout votre corps y participe. Vos mains dansent ! Elles dessinent des fleurs : d'abord la tige, puis des pétales toujours plus grands ! Mais bon, il faut revenir sur terre ; tout redevient petit, minuscule et vos paumes toujours collées ne bougent plus.*

*Que l'un d'entre vous pousse avec les mains légèrement en avant sans perdre l'équilibre et en prenant bien appui sur les pieds, puis inversez la poussée. Ce n'est pas un concours de force où il faut déséquilibrer son partenaire, mais plutôt un échange où chacun, à son tour, donne de l'énergie, puis en reçoit... Maintenant vos paumes penchent très lentement vers la droite, puis vers la gauche. Vous tracez dans l'espace la courbe d'un arc-en-ciel. Voyez-le entre les deux sommets d'une montagne et chantez un son de plus en plus aigu quand vous montez et de plus en plus grave quand vous touchez le sommet opposé. Pensez à toutes les couleurs qui le composent et soyez véritablement des enfants de l'arc-en-ciel qui apportent de la lumière et de la paix sur le monde…*

*Au coup de clochette, hop ! Vos paumes se séparent et se dirigent vers le ciel. Dites alors : « Que la source de l'arc-en-ciel purifie mon être. » Approchez vos mains en forme de coupe jusqu'à votre bouche, ouvrez-la grande et buvez un peu d'eau du ciel qui a traversé les terres du soleil pour parvenir jusqu'à vous. C'est une eau qui n'est pas si surnaturelle que ça, puisque vous l'avez créée et que vous l'avez bue. Elle chante en vous les mystères des roches en forme de nuages, les ponts dressés sur les fleuves de lune et les cargos géants qui font des clins d'œil aux étoiles.*

## *Ma tête est un tambour*

*A partir de 7 ans*

*Indications :* résonances du corps et du masque facial, apprentissage du rythme, visualisation et pensée positive

*Matériel :* aucun

*Conseils :* travailler particulièrement avec votre enfant les sons bouche fermée, la mobilité des index et des majeurs et la précision des doigts lorsqu'ils percutent la boîte crânienne. Vous pouvez aussi réaliser cette expérience à la maison ou l'adapter au milieu naturel.

*Les promenades en forêt sont toujours riches en découverte. Ce tronc d'arbre coupé près de l'allée fera une bonne halte car nos jambes commencent à fatiguer. Assieds-toi, ferme les yeux et place les paumes des mains sur les oreilles. Ne les colle pas tout à fait afin que je puisse te guider par la voix. Tu as les yeux bien fermés ? Si la lumière du jour passe encore, tu ne pourras pas pénétrer dans ce lieu peuplé d'arbres vénérables. Tout comme toi, ils savent parler et même chanter. Comment ont-ils appris ? C'est très naturel chez eux car il suffit d'être plus haut qu'une maison et de toucher les nuages pour savoir cela. Ils ont un secret à te faire partager. Les peupliers et les sapins sont les plus bavards. Le peuplier anime la conversation en agitant ses branches. Le sapin ne l'écoute que d'une oreille distraite et remue ses aiguilles : Sssssû.... Le chêne apporte son expérience et sa sagesse mais on ne suit pas toujours ses conseils. Le croassement d'un corbeau les ramène à leur dure réalité, ils ne sont que des perchoirs !*

*Ecoute bien. C'est comme un murmure qui grandit en toi. Bouche fermée, chante les arbres de la forêt. Tu es en leur compagnie et tu t'y sens bien. Laisse-toi aller complètement. Plus tu te balances, plus ton chant monte jusqu'à la voûte des étoiles : Mmmm...*

*Continue et ajoute le son du tambour en tapant successivement avec les majeurs puis les index sur ta tête. Pour que ta " tête-tambour " résonne bien et s'entende jusqu'à la lisière des bois, garde bien les paumes sur les oreilles.*

*Cesse à présent de chanter, mais continue le rythme du tambour. Tape de plus en plus doucement ; tes doigts s'enfoncent dans du velours. Termine par trois coups brefs et laisse les résonances se prolonger en toi. Comme les pétales d'une fleur, tes paumes s'ouvrent lentement. Imagine la lumière de l'aube qui pénètre dans ta tête et t'apporte la lumière du nouveau jour. Chaque matin, au moment tu ouvres les yeux, chante en toi-même :*

*Je connais le chant de la vie*
*Les arbres me l'ont appris*
*Je connais le chant qui guérit*
*Les arbres me l'ont appris*

***Le chaman***

*A partir de 8 ans*

*Indications :* déblocage de l'expression et meilleure connaissance de soi par les pratiques chamaniques (maquillage, cri, chant, danse, recherche de l'animal-pouvoir, énergies de la nature)

*Matériel :* petit miroir, tambourin

*Conseils :* Accompagnez au tambourin le voyage onirique de l'enfant. Veillez à la régularité du rythme et laissez la créativité s'épanouir, même si elle provoque quelques débordements. Les coups brefs de percussion recentrent l'énergie et favorisent le retour au calme entre chaque période active de la séance. Conclure en chantant avec lui les deux derniers couplets de la chanson.

*Avant d'entrer dans la forêt, tu dois mettre sur ton visage les peintures du sorcier. Pour cela, tu as sûrement un animal préféré que tu as rencontré en rêve, à la télé ou en vrai. C'est aujourd'hui le grand jour. Prépare-toi comme le font les chamans, ces magiciens qui connaissent les secrets de la nature. Choisis ton animal et dessine-le sur ta peau en te regardant dans un petit miroir. Reproduis-le tel que tu le vois. Applique-toi à bien reproduire ses traits particuliers : griffes, poils, couleurs du pelage, forme des yeux…*

*Quand tu as fini, campe-toi bien sur tes pieds et reste silencieux. Concentre-toi sur ton animal. Vois-le déambuler dans la forêt. Entends ses cris et ses souffles. Entre bien dans sa peau et quand tu es prêt, imagine que tu es véritablement cet animal. C'est aussi simple que cela. Marche dans la forêt. Flaire les herbes du sentier comme un chasseur qui cherche sa proie. Fais-toi féroce et menaçant, et puis l'instant d'après sois la douceur et l'innocence même. Plus tu avances dans les fourrés profonds, plus tu lui ressembles. A présent, va à l'aventure. Laisse sortir complètement ton animal. Danse-le sur le rythme du tambourin. Appuie-toi bien sur ta patte gauche, puis sur ta patte droite. Continue et chante-le. Que son cri soit ce qu'il y a de plus profond en toi. Puis ralentis ta danse. Gronde encore un peu. Laisse ton animal rejoindre sa tanière. Immobilise-toi et hume l'air comme le font les chiens. Comment le souffle du vent pénètre-t-il dans ta narine gauche ? Dans ta narine droite ? Imagine que tu respires tous les parfums de la terre.*

*Mais un nouveau cri monte en toi. Tu es maintenant un singe qui saute de liane en liane. Deux coups brefs de tambourin. Immobilise-toi de nouveau. C'est l'ours qui t'habite maintenant et tu exprimes sa démarche chaloupée et sa façon de se gratter contre l'écorce d'un arbre. Deux coups brefs de tambourins. A présent, chaque animal veut s'exprimer à travers toi. Tu rugis comme un lion ;*

*tu ris comme un singe ; tu chantes comme un oiseau…*

*Deux coups brefs de tambourin. Tout a disparu. Dis à voix basse ton prénom et enlace l'arbre de l'univers qui contient la mémoire de tes cris et de tes danses, et de toutes les vies. Respire son écorce. Laisse-toi aller complètement. Ne sens-tu pas cet amour qu'il te transmet et ces picotements dans les mains et les bras ? C'est de l'énergie qu'il te donne afin qu'à ton tour tu puisses l'offrir à celle et ceux autour de toi qui ne sont pas heureux. Pour le remercier, offre-lui ce chant que t'ont transmis les chamans :*

*Tous les enfants sont des chamans*
*Ils ont dans le cœur une flamme*
*Il faut qu'il trouve l'animal*
*L'esprit du bien l'esprit du mal*

*C'est pour cela qu'ils dansent les chamans*
*C'est pour cela qu'ils chantent les chamans*
*Pour nous guérir de tout ce mal*
*Qui de l'amour nous éloigne*

*Tous les enfants sont des chamans*
*Qui dansent, dansent de liane en liane*
*Dans les banlieues et dans les trams*
*Ils jouent leur vie à qui perd gagne*

*Tous les enfants sont des chamans*
*Ils croient en l'homme et au cheval*
*Aux arbres, aux tigres du Bengale*
*Mais pas aux guerres qu'on proclame*

*Tous les chamans sont des enfants*
*Qui ont un cœur comme un volcan*
*Qui crient des mots comme des torrents*
*Qui volent sur les ailes du vent*

*Tous les chamans sont des enfants*
*Tu en rencontres tout le temps*
*Qui s'émerveillent devant l'enfant*
*Qui sommeille dans le cœur des grands*

### Contre la violence

*A partir de 8 ans*

*Indications :* maîtrise de soi et respect des autres.

*Matériel :* aucun.

*Conseils :* séance recommandée pour les enfants et les adolescents qui traversent des périodes difficiles. Faire écrire ce texte qui sera affiché dans leur chambre.

*Pourquoi as-tu les poings serrés et les pouces à l'intérieur ?*

*Pourquoi as-tu fermé ta porte aux paroles des autres et enfermé tes pouces dans la maison de tes poings ?*

*Pourquoi n'essayes-tu pas de retrouver la clé pour ouvrir ta bouche et libérer tes poings serrés ?*

*Si tu te voyais dans une glace, est-ce vraiment toi ou quelqu'un d'autre ?*

*Et si en faisant cela, tu as l'impression de ne pas perdre la face, crois-tu que cela en vaille la peine ?*

*Essaye de desserrer un peu tes poings, sens l'énergie d'amour qui sommeille à l'intérieur.*

*Libère tes pouces et ouvre tes mains comme quand éclate un feu d'artifice : Ahhhhhh !*

*Tape dans tes mains de toutes tes forces, chasse la violence et applaudis à la paix.*

*Tout ce feu qui brûle dans tes paumes, éteins-le en soufflant à présent sur tes mains et envoie de la joie sur tous ceux qui t'entourent.*

*A chaque fois que tu sens monter ce feu en toi, refais ce petit rituel magique contre la violence.*

### *Gérer sa colère*

*A partir de 9 ans*

*Indications :* visualisation créatrice et image de soi, élimination des émotions perturbatrices et harmonisation des centres énergétiques (thérapie vocale), socialisation.

*Matériel :* aucun.

*Conseils :* séance recommandée pour les enfants et les adolescents qui traversent des périodes difficiles.

*Allonge-toi et vois ton corps comme un lieu immense semblable à celui d'un temple ou d'une cathédrale. Un visiteur frappe au portail extérieur. Laisse-le entrer. A mesure que tu inspires et expires, il avance lentement. Il te ressemble étrangement : les mêmes yeux, la même bouche, une manière bien à lui de se déplacer. Tu le vois distinctement et pourtant il semble si léger, si transparent. Il vit grâce à ton souffle, à l'attention que tu lui portes.*

*Il est maintenant près de la source de tes reins, en bas du dos. Chante le son OU pour faire couler davantage cette eau purifiante qui élimine les peurs comme celle de se retrouver face à un camarade plus fort que soi. Le visage de ton visiteur est à présent souriant et il avance gaiement par l'allée centrale. A chaque fois qu'il fait un pas, ça résonne dans ton dos : HÉ ! HÉ ! HÉ ! HÉ ! HÉ !... Puis il s'arrête brusquement : il devient rouge comme une pivoine, ses poings se serrent et à mesure que la colère monte en lui, la lumière qui passait par les vitraux multicolores, les oiseaux qui chantaient en haut des clochers, l'organiste qui jouait un petit air entraînant, tous s'enfuient terrorisés. Ca ne t'arrive jamais à toi aussi de te sentir incompris au point d'en vouloir à la terre entière ? Il y a pourtant une solution pour faire revenir la lumière, la gaieté et la musique, c'est d'ouvrir toute grande ta poitrine en chantant le son AI. C'est le son du soleil : AI... Accueille ainsi tous les amis de la terre, remercie la pierre du chemin, le chat qui fait sa sieste et tous ces petits bonheurs que tu croises au quotidien. En faisant cela chaque jour, tu ne te mettras plus en colère et il n'y aura plus de pluie en toi. Chasse-la définitivement en chantant le son de ton cœur. C'est un son qui le fait battre plus lentement et qui t'apaise : I... (très doucement).*

*Prends ton visiteur par la main et conduis-le jusqu'à une grande porte en bois. Frappe le sol avec tes mains pour faire monter tous les mots qui dorment en toi. Réveille-les une bonne fois pour toute ! Chante HA en rentrant bien le ventre et la porte s'ouvrira sur une pièce toute blanche.*

*Approche-toi car il ne s'agit pas d'une pièce ordinaire puisqu'il n'y a pas de murs mais des étoffes transparentes semblables aux ailes des anges qui flottent au gré du vent. Ce souffle, c'est tout simplement les pensées, les couleurs, les chants qui te remplissent de l'intérieur. Plus tu chantes le son de lumière O, plus tu te laisses emporter par les voiles du ciel : O…*

*Tends les mains vers le soleil et remercie ce visiteur qui t'a accompagné dans le temple de ton corps et t'as fait découvrir qu'en prenant soin de lui, en chantant des sons à chaque fois que tu ne te sens pas bien, tout devient aussi bleu qu'un ciel sans nuage : OU-HÉ-AI-I-HA-O…*

## *Le voyageur des mondes*

*A partir de 10 ans*

*Indications :* visualisation et conscience des énergies, mouvements extatiques et créativité, harmonisation avec le cosmos, développement des pouvoirs psychiques, gymnastique taoïste.

*Matériel :* aucun.

*Conseils :* veiller à ce que l'enfant commence les girations très lentement et surveiller son équilibre postural.

*La nuit approche et la lumière de la lune allonge l'ombre des arbres. Regarde-la bien qui te sourit. Pointe l'index droit vers elle comme si tu voulais la toucher. Concentre ton attention et sens comme de l'électricité qui passe par ton doigt et circule dans ton corps. C'est une bonne énergie, une caresse de lumière lunaire qui t'envahit.*

*Garde le doigt pointé puis trace des petits cercles autour de la lune. Explore toute sa surface. Tes cercles sont de plus en plus grands. Ils traversent des galaxies, des myriades d'étoiles, des points de lumière.*

*Tourne à présent lentement autour de toi. Ton corps est comme un manège. Suis toujours avec l'index la course des planètes, dessine les nuages éclairés par la lune, touche les avions qui passent, les oiseaux de nuit…*

*Continue à tourner et dis en toi-même : « Je suis le voyageur des mondes. » Trace dans le ciel de la nuit des signes, des dessins et imagine que chacun de tes gestes est perçu par des habitants qui vivent peut-être à des milliers d'années lumière. Sache aussi qu'à chaque fois que tu penses à quelque chose, il y a une forme qui se dessine dans la nuit. Apprends à lire dans les pensées du ciel, à recevoir et à envoyer des messages simplement en voyageant dans les mondes et sans qu'il soit nécessaire de te brancher sur Internet ! Puis ralentis et immobilise-toi.*

*Dirige les paumes lentement vers toi et déverse doucement toute l'énergie accumulée durant ce voyage sur le sommet de ta tête, ton front et ton visage, ta poitrine et ton cœur, ton estomac, ton ventre et tes jambes. Tes mains s'éloignent comme une vague qui rejoint l'océan.*

*Bouge à présent le bras droit comme les ailes d'un moulin. Puis change de côté, fais de même avec le bras gauche. Fais tourner comme une planète le pied droit en gardant bien l'équilibre sur le pied gauche, le regard sur la ligne de l'horizon. Change de pied. Imagine que tu es un vaisseau qui arrive d'une banlieue éloignée de la lune. Pour voler, il a besoin de faire tourner la main droite et le pied gauche en même temps. Parfois, certaines manœuvres galactiques sont difficiles alors il change de côté : main gauche, pied droit.*

*Il est temps de revenir sur terre. Avec le bout des doigts, tape légèrement en dessinant des petits cercles sur le front, le visage, la nuque, les épaules, la poitrine, le ventre, le bas du dos et les jambes. Puis secoue les mains comme si elles étaient mouillées. Trépigne et agite les bras afin de pouvoir reprendre avec le plein d'énergie tes activités.*

### *Je suis, tu es, nous sommes des arbres*

*A partir de 10 ans*

*Indications :* pour se détendre à deux – purification par le souffle (anxiété, stress), conscience de l'autre, massage énergétique du dos, détente par les mouvements et les sons.

*Matériel* : coussins, support sonore, brûle-encens, diffuseur d'huiles essentielles.

*Conseils :* débuter la séance par une courte période de silence, puis passer un disque de sons de la forêt. Créer une ambiance harmonieuse avec de l'encens ou de l'huile essentielle (du pin par exemple).

*Imagine-toi que tous tes copains et copines sont des arbres. Il y en a des plus grands ou des plus petits, certains ont une tignasse aussi imposante que les branches des châtaigniers, d'autres ont une belle apparence et remuent leurs feuilles avec grâce et beauté tout comme certaines filles que tu connais. Donc, peu importe que ce soit un garçon ou une fille qui joue avec toi pourvu que vous vous mettiez tous deux en position assise, les jambes repliées comme les fakirs et que vous vous tourniez le dos. Ce n'est pas que vous soyez fâchés, c'est simplement pour qu'instantanément vous puissiez vous transformer en arbre. Pour l'instant, vos dos sont très proches l'un de l'autre mais ne se touchent pas. Fermez les yeux et chassez tous les bruits qui vous entourent, les petits soucis, les images qui se promènent dans la tête, ne vous en préoccupez plus ; une bonne inspiration et tout s'efface quand on relâche l'air. Ca détend non ? Allez encore une petite fois pour bien éliminer et faire place nette. Des respirations comme ça, c'est comme un bon coup d'aspirateur, on se sent mieux après. Comme vous êtes très près l'un de l'autre, il y a de l'énergie qui passe entre vous. Voyez-la comme des fils de lumière très brillants et de toutes les couleurs qui relient vos dos, c'est un peu comme de l'électricité !*

*Approchez-vous encore et adossez-vous. Voilà, le contact est établi. Vous êtes l'écorce, le tronc, les racines et les branches de l'arbre. Ecoutez la musique de votre souffle. Respirez bien ensemble afin que se propagent vos racines dans la terre ; des racines roses et vertes qui s'enfoncent et courent à travers bois en claironnant : « Bonjour le lierre !*

*Bonjour la source souterraine ! Salut à toi l'elfe des ravins ! Désolé pour le dérangement, mademoiselle la taupe ! Je reviendrai vous voir une autre fois, vieux volcan endormi ! »*

*Mais voilà que se lève un grand vent qui fait balancer votre arbre d'avant en arrière et d'arrière en avant. C'est un mouvement très lent comme celui d'un berceau. La forêt vous fait souvent écouter ce léger frémissement qui fait onduler les ramures la nuit. Puis le vent se lève et une rumeur enfle dans le ventre de la terre. Laissez-vous ballotter par les souffles et cherchez à calmer la tempête par un chant apaisant qui accompagne vos balancements… Vous êtes comme ces arbres qui remuent leur crinière de branches quand s'abat l'averse, rien ne peut vous déraciner car vous êtes protégés par votre chant et la souplesse de vos mouvements, de vos bras et de vos mains qui virevoltent et grandissent jusqu'à toucher le ciel. N'ayez pas peur de les déployer ces branches et que vos bras puissent tournoyer et danser…*

*Puis ralentissez et sentez combien se diffuse une douce chaleur au niveau du dos. C'est votre sève de vie qui le nourrit, qui apaise vos douleurs tout comme elle circule dans les arbres et dans tout ce qui est vivant sur terre. A présent, prenez une bonne bouffée d'air en inspirant par le nez, sentez comme la sève de vie monte le long du dos jusqu'au sommet de la tête. Et comme il faut bien redescendre, quand vous relâchez le souffle, la voilà qui retrouve vos reins et les vibrations de la terre. Continuez et soyez dans le concert des arbres, des oiseaux et de toutes les créatures qui peuplent la forêt...*

### *Le bol qui chante*

*A partir de 11 ans*

*Indications :* précision et maîtrise des gestes, apprentissage de l'écoute et du chant, prise de conscience des résonances du corps et de l'instrument, créativité à partir de l'élément eau et de la lumière.

*Matériel :* un bol chantant tibétain (ou tout ustensile en cuivre suffisamment résonnant), un bâton en bois, un verre d'eau.

*Conseils :* préparer le matériel à l'avance et choisir un endroit calme afin de favoriser les perceptions sonores. Ne pas faire sonner le bol chantant avant la séance afin de garder l'effet de surprise et d'éveiller la curiosité de l'enfant. Pour bien ressentir les résonances des harmoniques ("boire les sons du bol"), l'enfant chantera dans la cavité de l'instrument et très près de la paroi.

*Tu as devant toi un bol en cuivre tout rond, tout beau. Observe comment la lumière vient caresser le bord pour se diffuser ensuite jusqu'au fond. Puis pose ton index droit sur le rebord du bol et fais le glisser tout autour, très lentement. C'est important de ne pas dévier car sinon tu ne peux pas lui donner tes pouvoirs magiques. Pour cela, continue à bien suivre le bord et ferme les yeux. Sens que tu lui transmets par ton index tout ce que tu as de plus précieux en toi : l'amitié, la tendresse, la joie de se retrouver entre amis, l'amour que tu porte à tes parents, à ton animal préféré... Tout cela remplit ce bol qui devient une coupe étincelante, un joyau de cristal qui illumine tous ceux qui t'entourent. Mais ce qu'il y a de plus extraordinaire, c'est qu'en continuant à tourner avec ton doigt, tu sens qu'il te répond, qu'il te parle. Ecoute bien ce qu'il a à te dire. Ressens comme un courant doux et chaud qui pénètre par l'extrémité du doigt, monte dans ton bras droit et circule maintenant dans ton corps.*

*Lorsque tu as bien écouté tout ce que le bol avait à te transmettre, retire ton index du rebord, garde-le en l'air un instant, comme une antenne pointée vers le ciel, et ouvre les yeux. A présent, tape légèrement avec la main droite, puis avec la main gauche contre la paroi du bol. C'est comme le battement régulier d'une cloche d'église. Un coup à droite. Un coup à gauche. Entends le son qui monte dans la pièce. C'est une cohorte de magiciens et de magiciennes qui chantent dans le bol. Mais si, regarde bien et penche-toi au-dessus du bol. Tu ne vois pas qu'ils sont habillés d'or et d'argent et montent le long des parois. Je suis sûr que tu les aperçois et si ça n'était pas le cas, dis-toi bien qu'ils sont là et que tu pourras sûrement mieux les voir si tu chantes toi aussi. Ecoute bien le son du bol et laisse les sons sortir de ta bouche comme si tu allais bailler. Puis ne bouge plus et laisse les résonances se prolonger.*

*Tu vas maintenant boire les sons du bol. Oui, tu as bien entendu, boire ! Place-toi très près de lui et juste au-dessus, tape sur la paroi et chante en ouvrant et en fermant la bouche comme un poisson. Tous les sons sont très heureux de te chatouiller la langue ou les lèvres. C'est comme un élixir qui t'apporte de nouvelles sensations.*

*Mets à présent un peu d'eau au fond du bol et regarde toutes les perles de lumière qui vivent à l'intérieur. Sous le miroir de l'eau, il y a des créatures plus fines que les algues, douces et brillantes comme des poissons d'argent. En gardant les yeux mi-clos, tu peux apercevoir leurs parures de soleil.*

*Pour les faire chanter, pose le bol dans le creux de ta paume. Percute-le cette fois-ci avec un bâton en bois tout en le bougeant par petits mouvements circulaires. L'eau vient caresser les parois tout comme une vague qui effleure les rochers. Cela produit des sons étranges. Certains sages disent qu'il s'agit d'esprits qui vivent à l'intérieur du bol et que tu as réveillés, d'autres y perçoivent le chant des dauphins ou des sirènes. A toi de me dire ce que tu as entendu et s'il faut vraiment croire à toutes ces histoires.*

### *La Bande dessinée*

*A partir de 12 ans et plus*

*Indications :* pour se détendre ensemble - motricité et repérage dans l'espace, coordination des gestes et des sons vocaux associés aux images mentales, exploration ludique du langage par l'apprentissage de sonorités nouvelles (retard scolaire, problèmes d'élocution et de verbalisation), conscience du corps et créativité, découverte des potentialités de la voix (hauteur, intensité), communication par le toucher et les résonances énergétiques (intégration au groupe).

*Matériel :* instrument à percussion (au choix : clochette, grelots, cymbale, tambourin...).

*Conseils :* cette séance très complète propose une approche globale de différents modes d'expression et de communication (corps, toucher, parole, son, énergie). Elle peut être prolongée par la création d'une bande dessinée qui intégrera le scénario de base et les apports créatifs du groupe.

*Voilà un jeu qui se pratique à plusieurs. Vous déambulez dans la pièce. Vous l'inspectez dans ses moindres recoins. Posez par exemple vos mains sur les murs ou sur le sol. Est-il chaud ou froid ? Quand vous y collez l'oreille, entendez-vous une vibration, des bruits bizarres ? Ceci étant, vous continuez de vous promener dans le lieu. Vous croisez d'autres regards sans les voir. Vous marchez comme des automates et voilà qu'il tombe une averse. Vous accélérez le pas pour vous mettre à l'abri mais sans courir. Tiens, des parapluies tombent du ciel. Vous en prenez un chacun et vous l'ouvrez en imitant le bruit qu'il fait : Scuinkssss... C'est comme dans une bande dessinée avec des bulles qui reproduisent les sons les plus bizarres comme Fizzzzzz ou Heurghhh ! Vous avez un chapeau melon sur la tête. Mais oui, vous ne vous en étiez pas aperçu. Vous êtes très polis et vous saluez tous ceux que vous croisez dans la rue par un petit coup de chapeau. Quand vous le soulevez, ça fait*

*Chtok ! Et quand vous l'enfoncez sur la tête : Crushhh...*

*Tiens, vous êtes dans la rue. Ce n'est pas une rue habituelle. Des marchands chinois ont disposé leurs étals. Des cuisines en sous-sol s'échappent des vapeurs de canards laqués et de beignets de crevette. Diable ! Vous êtes dans le quartier de China Town à New York. Vous parlez très fort en américain, comme dans les films, et vous dites sans arrêt : Yeah !*

*Vous rencontrez un vieux chinois qui rit tout le temps : Hihihihihihi ! Vous parlez américain et chinois. Il y a beaucoup de sons AN et AIN. Vous parlez du nez comme si vous étiez enrhumés... Votre visage prend de plus en plus les traits du vieux chinois : faites-vous des yeux bridés, des rides sur le visage, une petite bouche très fine toujours en train de sourire. Vous êtes ce noble vieillard plein de sagesse et d'esprit et vous circulez dans le quartier tout en fredonnant une mélodie chinoise : Tiain... ain... ain... ain... heng... Au coup de clochette (ou d'un autre instrument à percussion), immobilisez-vous et penchez-vous en avant pour saluer l'honorable visiteur qui passe : Chtok ! Crushhh... Puis chantez religieusement : Gong ! Vous déambulez de nouveau dans la rue et à chaque fois que vous croisez quelqu'un, vous le saluez très solennellement de la même façon : Chtok ! Crushhh... Gong ! Soyez très solennel car vous êtes observés du ciel par tous les dieux de la Chine !*

*Vous entrez dans un temple et vos pas résonnent sur les dalles. A chaque pas, chantez en ouvrant bien la bouche Harrr ! Harr ! Harr ! (sur le souffle). Vous croisez des créatures bizarres qui s'envolent sous les voûtes ou qui se postent devant vous comme des sauterelles. Vous êtes ces créatures qui habitent ce lieu et vous avez chacun un cri différent : Hark ! Flof ! Scrummm ! Flask… Vos sons sont doux, forts, répétés plusieurs fois, très aigus ou dans les profondeurs du grave, incroyablement longs ou au contraire très courts comme une virgule qui ponctue une phrase.*

*A votre cri, s'ajoute maintenant votre prénom que vous chantez sur une petite mélodie : Flof ! Naaathalie… Vlammm ! Yann… Vos gestes et vos mouvements se font de plus en plus lents et l'âme de la créature que vous incarniez quitte peu à peu votre corps. Vous nagez dans un océan de brume. Vous êtes comme un bateau qui cherche à regagner son port et qui fait retentir régulièrement un signal sonore pour avertir les autres navigateurs de sa présence : Wou... Wou... Wou... Approchez-vous les uns des autres et fermez les yeux. Avancez lentement tout comme ce bateau et dirigez vos bras vers l'avant. Lorsque vous entrez en contact avec l'un d'entre vous, émettez un son sur la voyelle qui vous vient spontanément et en rentrant le ventre : Ho ! Hé ! Hou ! En gardant les paupières closes, essayez de placer les paumes des mains très près de son visage mais sans le toucher. Sentez les vibrations ou la chaleur de son front, de ses yeux, de ses joues, de sa bouche. Puis sculptez ce visage, mettez de la couleur, de la lumière, changez ses traits, purifiez-le enfin avec de l'eau lumineuse et transparente.*

*Ramenez alors vos paumes sur votre visage et faites couler ce liquide de lumière sur vous. Ouvrez les yeux. Saluez-vous à la manière du vieux chinois, en soulevant votre chapeau : Chtok ! Crushhh… Gong !*

Textes originaux des relaxations et
des chansons : Philippe Barraqué

***Bibliographie***


Chauvel, Denise, Noret, Christiane, *Apprenez à relaxer vos enfants* (Ed. Retz 1980)

Chauvel, Denise, Noret, Christiane, *Des jeux pour détendre et relaxer vos enfants* (Ed. Retz 1991)

Manent, Geneviève, *L'enfant et la relaxation* (Ed. Le Souffle d'or 1998)

Noisette, Claire, *L'enfant, le geste et le son* (Ed. Cité de la musique 1998)

## *Musiques pour relaxer les enfants*

### *Ambiances naturelles*

- Eau – *A week in Hawaii : Waterfall*, Rykodisc RCD 30068
- Feu – *In the Absence of Man : The Sounds of a Crackling Winter Fire*, Vermont Hearth, Daring CD 2004
- Terre – *Deep into the earth*, Sounds of the Earth, Oreade music ORN 5553-2
- Quatre éléments – *Ambiances de la nature*, Auvidis Tempo A 6167
- La nature, le matin – *Dawns of the world 2, Les aubes du monde*, Jean C.Roché, Sittelle SIT 00002-2
- Oiseaux – *Le réveil des oiseaux*, Sittelle 22207-C
- Loups – *The wolves*, Bio Sound FA 1010
- Dauphins – *Sea & Dolphins*, Sound of the Earth, Oreade music ORN 5533-2

### *Chants du monde*

- *Indiens d'Amérique – Dancing Spirit*, Oreade Music ORW 5485-2
- *Gabon – Musique des Pygmées Bibayak*, OCORA C 559 053
- *Tuvinian Singers & Musicians* (chant diphonique), WDR World Network 55.838
- *Les voix du monde – Une anthologie des expressions vocales* (CNRS), le Chant du monde CMX 374 1010.12

### *Instruments harmonisants*

- Harpe celtique (convient aux bébés) – *Farewell to Lough Neaghe Bonnie Shaljean*, Saydisc CD-SDL 372

- Flûte indienne (relaxation) – *Ragas du nord et du sud,* Chaurasia/Hussain, Ades 109612
- Piano (visualisation) – *December,* George Winston, Windham Hill Records 371025-2
- Didgeridoo (créativité) – *Rainbow serpent,* David Hudson, Celestial Harmonies 13096-2

***Relaxation passive***

- Apaisement – *Road to Saint Ives (Tintagel),* John Surman, ECM 1418 843 849-2
- Détente – *Agnus Dei (Arrgt vocal de la Sérénade pour cordes),* Samuel Barber, The Choir of New College, Erato 0630-14634-9
- Relaxation profonde – *Chercheurs de vérité,* Gurdjieff-De Hartmann, Alain Kremski (piano), Auvidis Valois V4631 AD182

***Thérapie vocale***

- *La Voix qui guérit* (tomes 1 et 2), Philippe Barraqué, Diem 200603/989
- *A la source du chant sacré*, Philippe Barraqué, DG Diffusion 056769

Dumas-Titoulet Imprimeurs
42004 Saint-Etienne
Dépôt légal : avril 2003
N° d'imprimeur : 38785D

*Imprimé en France*